唯一使我留戀的是那些縱橫交錯

猶如一張網子一樣展開來的許許多多長短不一的府城的巷子。

——摘自葉石濤〈傀儡巷與關三姑〉

台南巷框

遇見文學大師葉石濤的時光散步

台南市區· 地圖

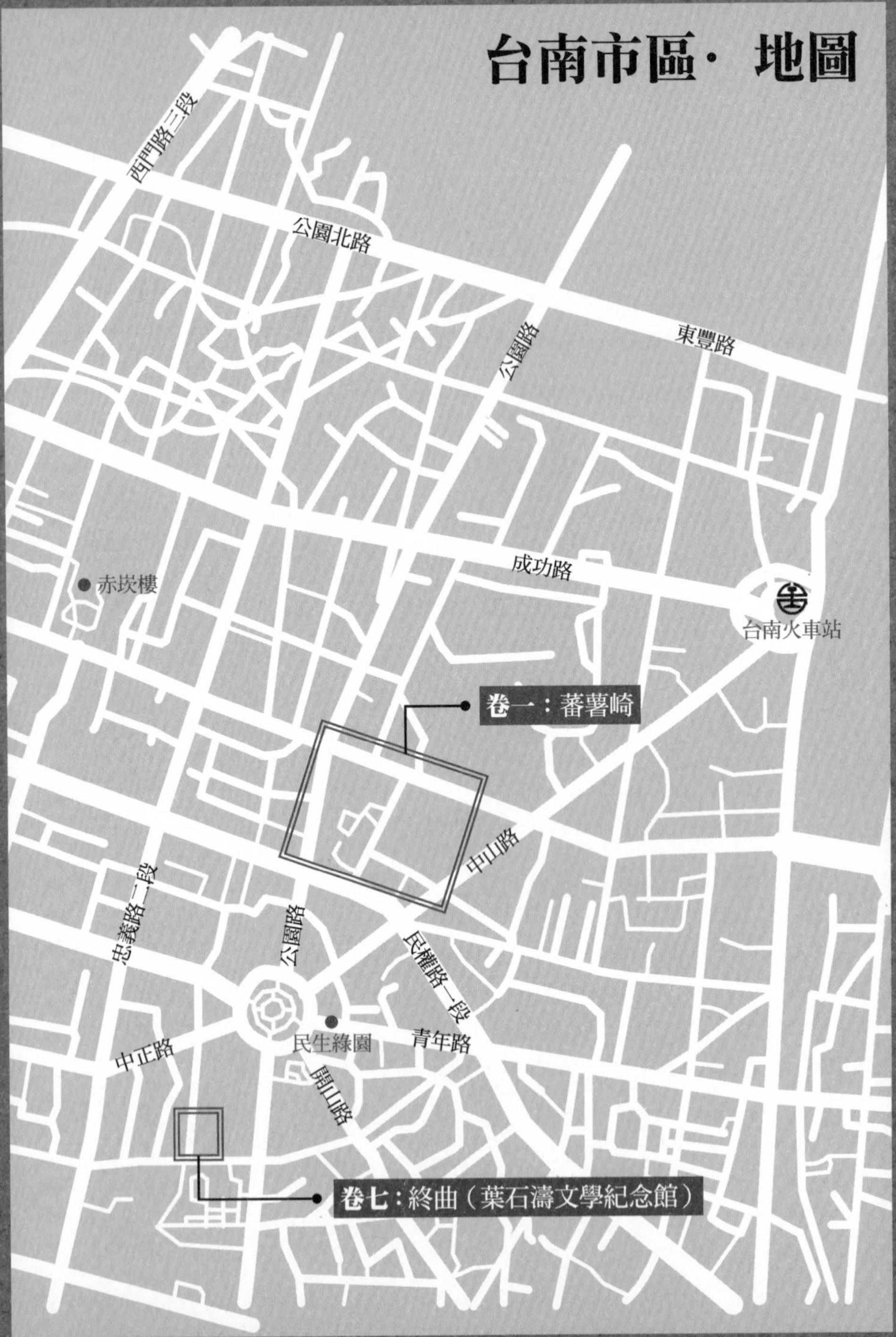
西門路三段
公園北路
東豐路
公園路
成功路
赤崁樓
台南火車站
卷一：蕃薯崎
中山路
忠義路二段
公園路
民權路一段
民生綠園
青年路
中正路
開山路
卷七：終曲（葉石濤文學紀念館）

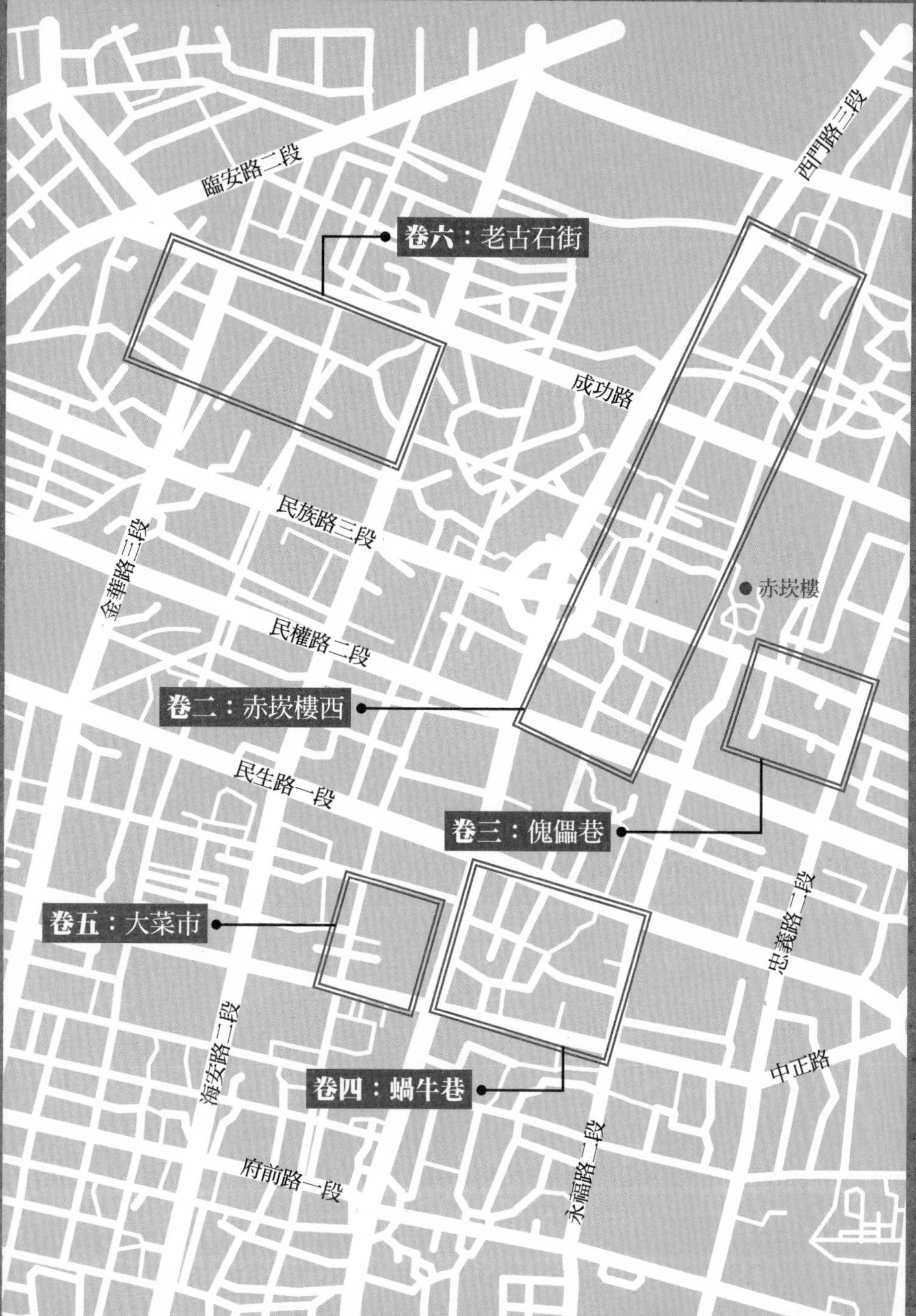

臨安路二段
西門路二段
卷六：老古石街
成功路
民族路三段
金華路三段
赤崁樓
民權路二段
卷二：赤崁樓西
民生路一段
卷三：傀儡巷
卷五：大菜市
忠義路二段
海安路二段
中正路
卷四：蝸牛巷
府前路一段
永福路二段

｜圖 1 ｜於新美街速寫街頭風景。

作者序

終於完成了這本書，帶著輕鬆的心情，我再度回到熟悉的巷弄，開始了新的創作計畫。這座城市有意思的小角落太多，常常讓我有一種「怎麼畫也畫不完」的感嘆。

我選了一個不錯的風景，拿起筆開始作畫。創作的同時，我的心靈也關掉了所有的噪音，深深沉浸在周遭的環境裡，但我的思緒卻不知怎地的，回到了十年前剛到台南的那個夏天。

初相遇

「學弟，你怎麼會來這裡。」學長用驚訝的眼神看著我，似乎我不該出現在實驗室裡似的。

幾個月前，我已經先辦理了確認入學手續，找好指導教授，簽下確認單，在七月底的時候提早到成大×所報到。這一切都進行得十分順利。

「嗯，怎麼了嗎？」

「你就是那個自願選我們老師的推甄生吧？唉，學弟，你死定了。」學長露出憐憫的表情，語重心長地對我說。同時，聽到「你死定了」這句話的時候，實驗室裡的其他人紛紛轉過頭來，對我投以關愛的眼神。

「這，這，為什麼呢？」我忽然間覺得有點燥熱，汗珠從額頭上不知不覺地流了下來。

「你不知道我們老師是成大×所四大天王之首嗎？」學長繼續解釋：「在我們老師底下很難畢業。通常碩士班至少要讀三到四年，博士班要讀十年。我們這裡的學生不是抽籤抽到，就是由系辦電話指定，你是有史以來第一個主動選我們老師的人。老師很高興，已經下達指令要對你特別調教了，要有心理準備。」

「這個，有辦法重選老師嗎？」我已經無法再故作鎮定了，原本雀躍的心情消失無蹤，由於受到的刺激太大，甚至有點耳鳴的感覺。

「唉，簽下確認單就已經來不及了。除非老師同意把你釋出，不然只能重考了。」學長誠實地說，接著補充：「我們之前有一個學長又哭又鬧搞了好一陣子，才被老師勉強轉到其他的天王手上。」

那個上午我像是被錘子重重地打到了胸口，胸悶得無法說話，對台南新生活的想像也隨之破滅。當然，一開始我還是無法全部相信學長的話，開學前兩個月仍然每天進實驗室熟悉工作狀況，但晚上同時再到圖書館準備重考，作為備案。

台南雖然美好，當下的我卻沒有心情去欣賞，更遑論悠閒地逛小巷子了。開學前一天，我鼓起勇氣走進行政大樓，放棄入學資格，也到實驗室和這兩個月來照顧我的學長們道別。

「我應該永遠不會再回來了吧！」離開台南的時候，我是這麼想的。

遲到的新生活

再度回到台南，已經是三年後的事了。這時我才終於展開遲到的新生活。

台南為什麼吸引我呢？我覺得這座城市的尺度剛剛好，不會太大也不會太小，到哪裡都不會太遠，去安平看海、去赤崁樓逛古蹟或去喜樹走老社區，都能在合理的時間抵達。天氣也不錯，和北部相比起來很少下雨，大部分都是艷陽高照的大晴天。

深厚的人文氣息也是吸引我的另一個原因，這裡有殘留舊時代味道的巷弄、帶著古老記憶的建築，也有從明鄭到現代三百年來的歷史積累。豐富的文化為我的藝術創作提供充足的養分，讓它得以成長茁壯。不過，最讓我充滿回憶的，還是人。這裡有許多認真生活，樂於分享的朋友。和他們的相處，讓我看到了這座城市真正的內在。

出版的理由

在台南住了好幾年，我開始有了將平常生活與創作的心情分享出來的想法。這個想法不斷在心中醞釀著，想做的方向也一直在變化，直到最後，我才決定寫一本結合葉石濤與台南巷弄的書。

葉石濤（一九二五至二〇〇八）是台南代表性的前輩作家，他一生創作的小說幾乎都是圍繞著台南舊市區。在他的文字裡，我看見了一個年輕的少年，隨著時代劇烈變動的波浪，生活在四、五〇年代的府城；我也看見了一個經歷牢獄之災、為生活而奔波的中年人，奮力擁抱著對於文學夢想的執著。在葉石濤生命中的某些片段，我彷彿看見了自己的影子，這是我想要創作這本書的原因。

我花了一年的時間，利用上班的空檔，一邊採訪，一邊寫作，一邊畫畫，一邊排版，奮力地實現當初心中一閃而過的念頭，這本書也成了我在台南生活的畢業論文。

關於這本書

《台南巷框》分為七個章節，從春風少年、初戀、搬家、白色恐怖、重拾寫作、往後的歲月，依序介紹葉石濤的生命歷程，以及代表每段時期的文學地景。我們可以由台南公會堂出發，順著時間線，一路向西走到昔日的港埠——老古石街。

我在過去的巷弄裡展開了新的故事，和他一樣愛上了有著蜘蛛網般縱橫交錯巷道的府城。散步的點點滴滴不斷累積，人與人之間因為藝術有了交集，我的思緒也不斷地湧現膨脹，似乎有一股力量正督促著我，要把這些感受都化作圖畫與文字分享出來。在書裡，葉石濤不再只是一個模糊的圖騰，他與我的生命已經有了重疊；這樣的重疊，是一場穿越時間的對話，也是一位年輕畫家與台南建立深厚連結的故事。

我希望藉由這本書搭起一座橋樑，讓大家能以比較輕鬆的方式深入文學地景的世界，跟著書上的地圖從另一個角度體驗台南的美，畢竟台南不是只有美食而已。或許你也會和我一樣愛上這座城市！

最後，我要利用這個機會，感謝那些幫助我完成這本書的朋友們，尤其感謝支持我的太太薔安、幫我想到《台南巷框》書名的小丰川老闆金展、幫忙接洽出版社的啊雜貨老闆孟彥、山岳文化的編輯團隊、給我寫作方向意見的俠客行文創的朋友們，也向每一位豐富台南內在的人們，致上最高的敬意。謝謝你們。

現在，請跟著我，展開一場關於台南文學、藝術與生活的深度之旅吧！

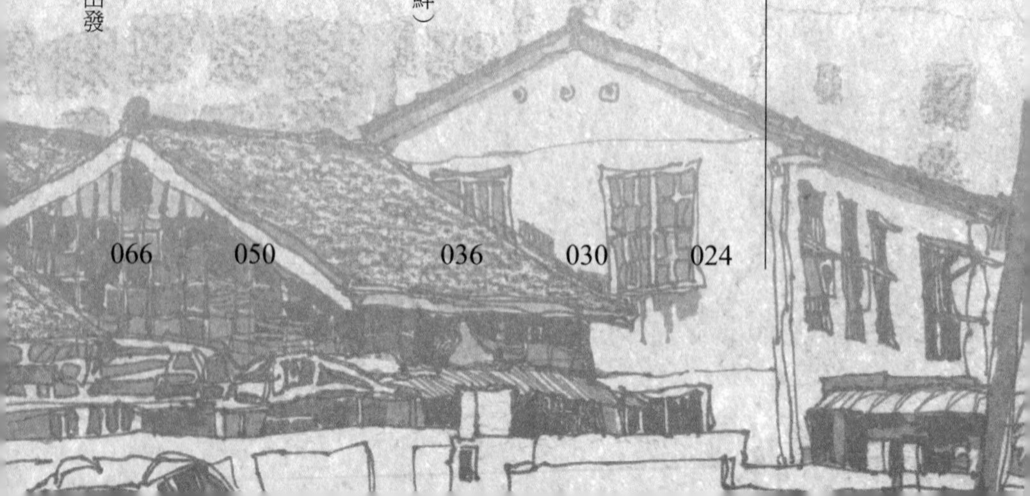

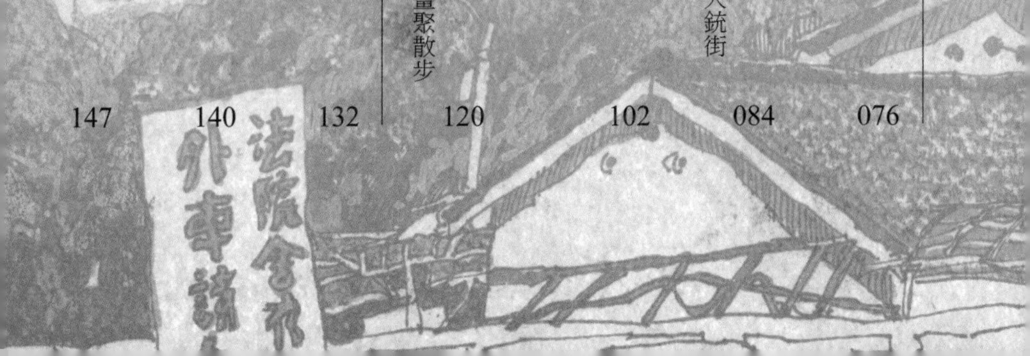

═卷四：蝸牛巷═

═卷五：大菜市═

C.W.Li
2016.12.24

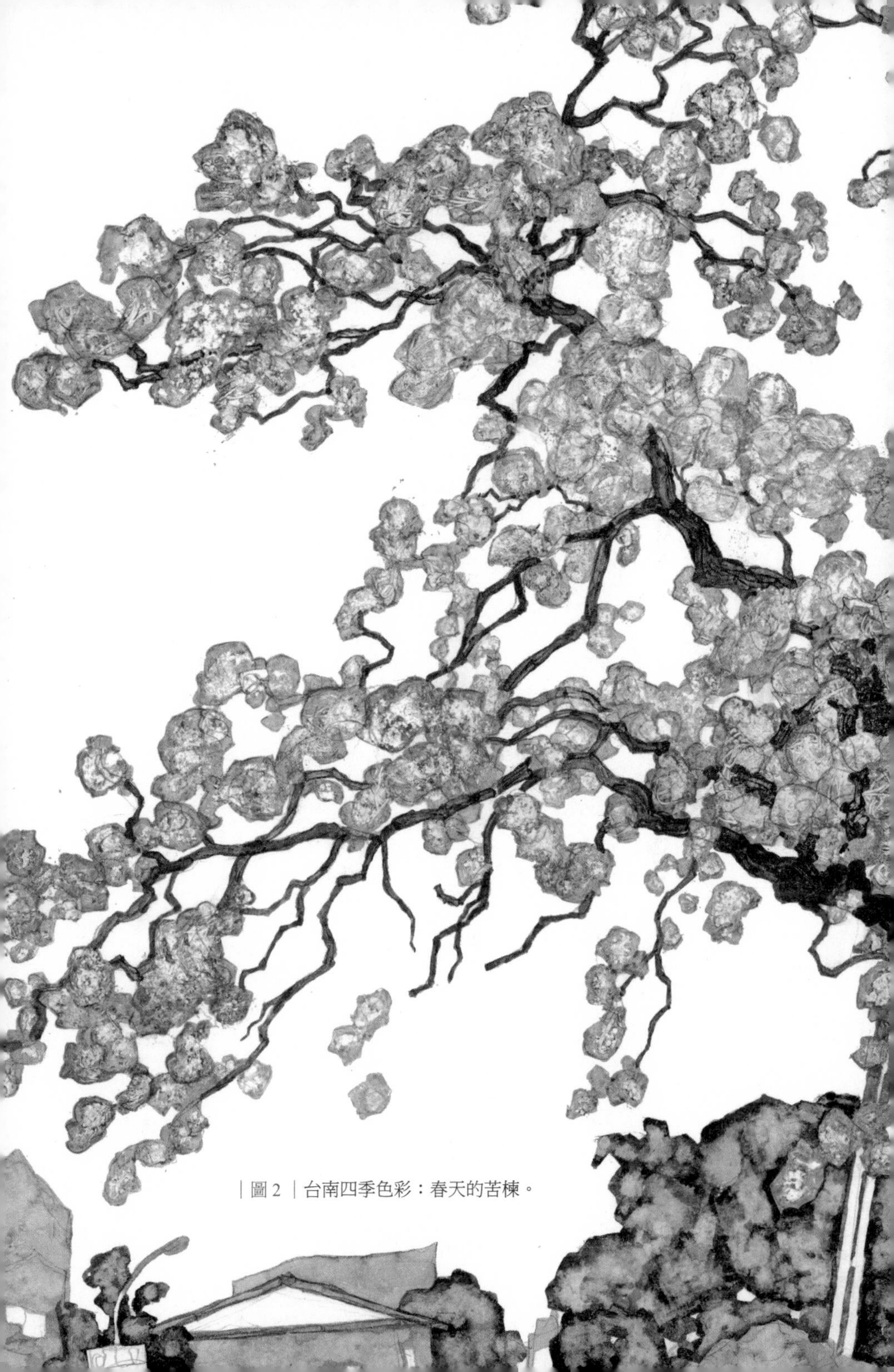

｜圖 2 ｜台南四季色彩：春天的苦楝。

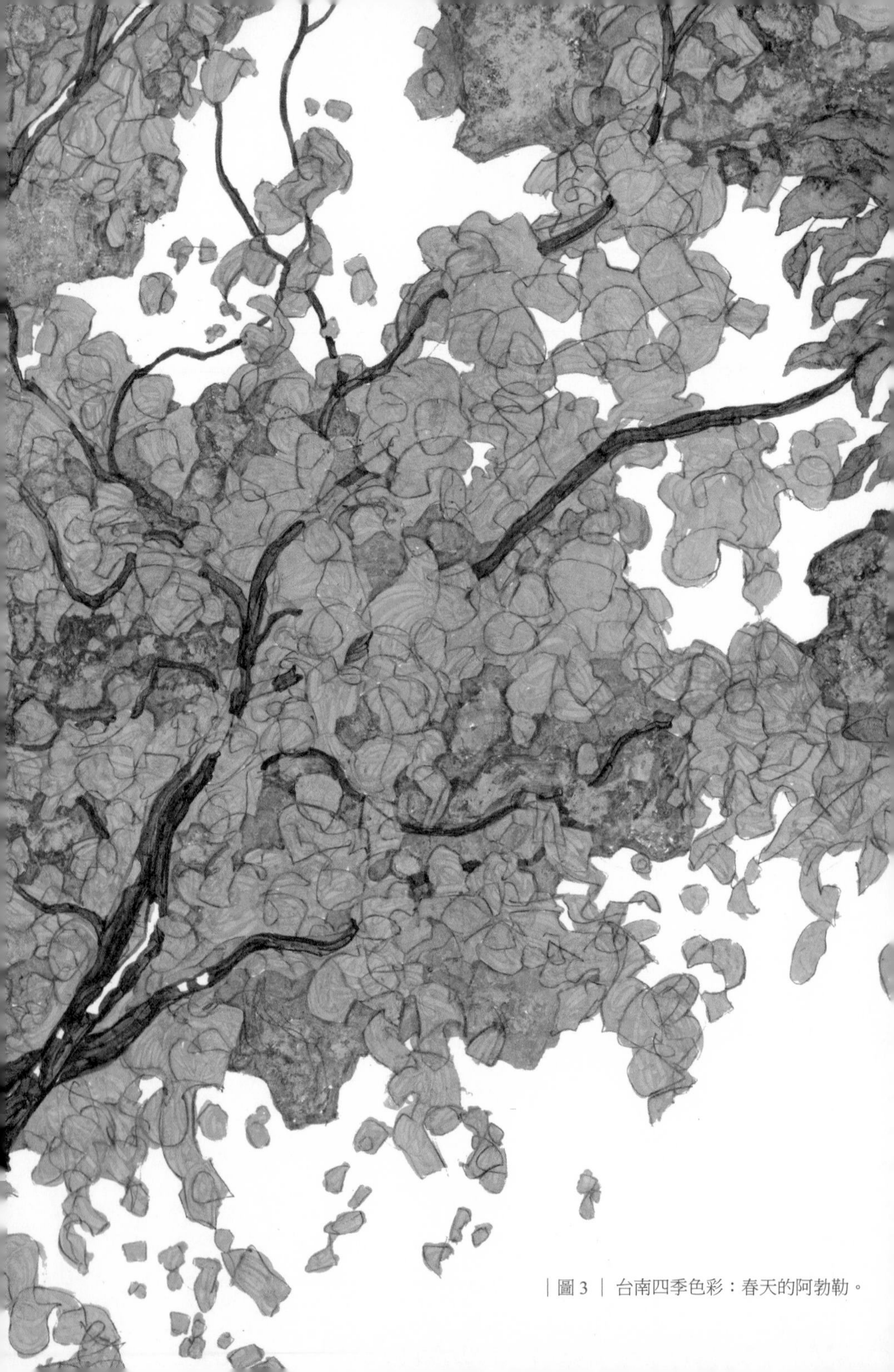

｜圖 3 ｜ 台南四季色彩：春天的阿勃勒。

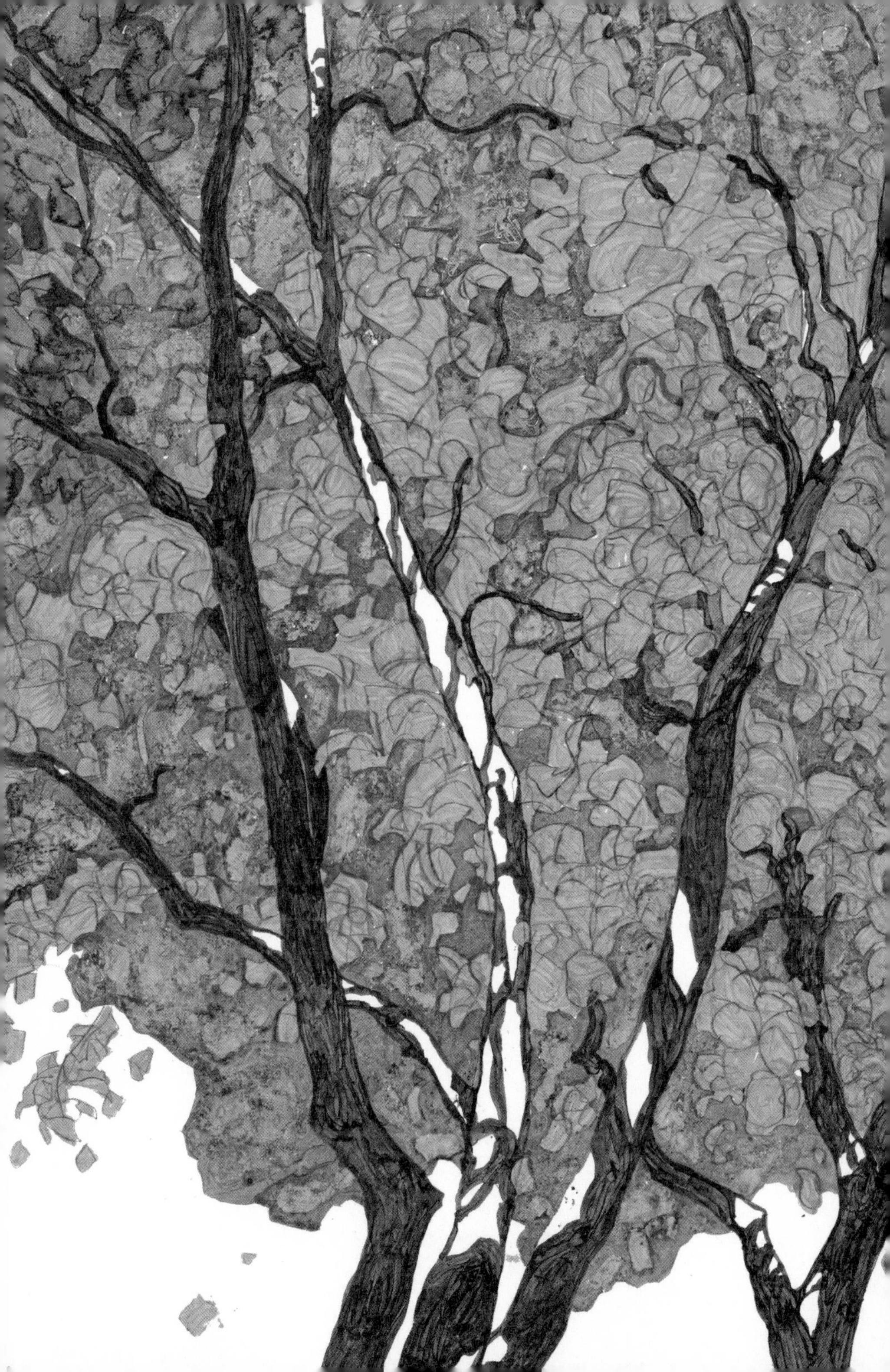

｜圖 4｜台南四季色彩：夏天的綠蔭。

圖 5　台南四季色彩：冬天的大葉欖仁。

【卷一】蕃薯崎

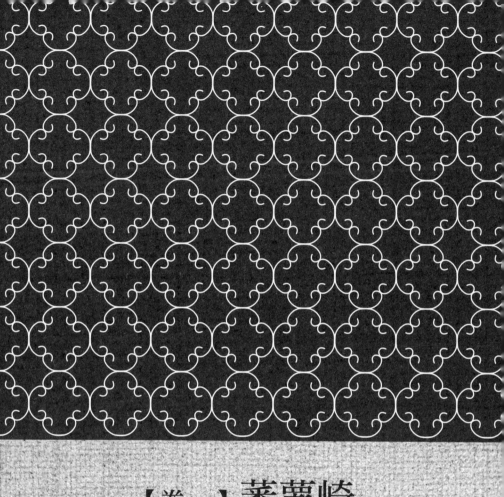

昔日往事

【昔】少年葉石濤

「一股創作慾的烈火在心裡燃燒，我就一篇又一篇的寫出來存於抽屜裡。有一天，我忽然想到寫小說的目的應該是發表，讓很多人去欣賞，並不是寫給自己看的。」——葉石濤〈文學生活的困境〉

葉石濤的寫作生涯是從就讀台南二中（今台南一中）時期開始的。中學三年級的時候，他已經開始練習寫小說，並向文學雜誌投稿，但都沒有獲得刊登。不過熱情不減的葉石濤仍舊持續寫作，一直到一九四二年，短篇小說〈林君的來信〉才終於得到「文藝台灣社」主編西川滿的青睞，刊登在隔年四月份的《文藝台灣》。這是他第一篇公開發表的作品，成了初試啼聲的代表作。

｜圖 6 ｜建於一九二八年的南一中校舍本館，現在是市定古蹟。

不同於葉石濤作品中慣用的寫實主義手法，〈林君的來信〉有著濃厚的浪漫主義氣息。耽美與浪漫，構成了這位春風少年兄的文學世界。

＝導讀：〈林君的來信〉＝

在〈林君的來信〉裡，住在關廟庄的葉柳村收到好友林文顯的來信，委託他前往龍崎庄老家代為探望祖父。前往龍崎庄的路上，田園風景明媚，葉柳村步伐輕盈，心情輕鬆，一點也感覺不到太平洋戰爭所帶來的陰霾。

林君的老家是棟被木麻黃包圍、充滿中國風情的二層樓房。葉柳村才走入房，便聽到了一陣纖細清脆的誦詩聲，原來那是年約十七、十八歲的春娘的聲音。春娘是林君的妹妹，有著細緻的瓜子臉、惹人憐愛的小嘴以及閃爍著光澤的雙眼，她的出現在葉柳村的心裡起了漣漪，產生了曖昧的情愫。

葉柳村是代表林君前來探訪的，加上彼此年紀相近又是中學同學，祖父與春娘將對林君的思念間接投射到他的身上，並熱切地邀請他留在林家過夜。

葉柳村與春娘的感情，隨著相處而逐漸增溫，在少年葉石濤的筆下，這段感情的發展充滿了唯美而甜蜜的滋味。夜晚的明月緩緩升起，讓春娘因兄長的缺席而感到了憂愁，這樣的憂愁反而讓葉柳村對春娘的愛意越顯深刻。故事以葉柳村回信給林君作為結尾，在最後的一段寫著：

我非常喜歡春娘。受你所託而勉勉強強實行的結果，演變成我得到一生的幸福。文顯呀，我相信你應該會以一個身為兄長的身分極大贊同我迎娶春娘作為我的新娘吧……

小說的美好結局，似乎也透漏著少年葉石濤心中對未來的憧憬。我們每個人學生時代對畢業後的生活，不也像年輕的葉石濤一樣，充滿了熱切而期待的想像。

與西川滿的相遇

「文藝台灣社」的主編西川滿（一九〇八至一九九九）生於日本，三歲時來台定居直到一九四六年離台為止，在台灣度過了三十三年的歲月。他的作品強調藝術至上，有著強烈唯美的浪漫主義風格，題材多以台灣歷史小說與民俗散文為主，是文學雜誌《文藝台灣》的實際負責人，也是日治時期台灣文壇極具影響力的一位作家。

葉石濤中學三年級時（一九四二年末），台灣文藝家協會開始在全島各地舉辦「大東亞文藝演講會」，西川滿應邀出席在台南公會堂舉辦的演講會。

在台南的這場演講會，葉石濤認識了西川滿，成為文學生涯起步的重要片段。根據葉石濤的回憶，由於當天還要上課，只好在放學後前往台南公會堂。當他氣喘吁吁地趕到會場，才發現與會的作家們已轉移到文化會館（今愛國婦人館）的座談會了，只好再匆忙跑去，並在那裡遇見了西川滿。

葉石濤走進了會場，在一群台日作家中看見了一位身穿白色麻質套裝的中年男子，他的臉色白皙、身材高大，直讓葉石濤想到了法國詩人優雅的風度。

這位年約四十歲的中年男子便是西川滿。他發現葉石濤的

｜圖 7｜年輕的西川滿。

到來，於是對他和藹地微微一笑，然後問道：「請問您是？」

葉石濤紅著臉，緊張地報了自己的姓名，西川滿高興地說：「我是西川，您就是葉石濤君！您的小說〈林君的來信〉我決定登在四月號。想不到您竟然這樣年輕！十七歲左右？真是紅顏的美少年呀！」（西川滿的回覆節錄自葉石濤所寫的〈《陳夫人》及其他〉這篇文章）

畢業後，葉石濤應西川滿之邀，懷著向這位前輩學習從事文學行業的夢想，來到「文藝台灣社」擔任助理編輯，這段日子是他生命中相當重要的階段。多年後，他在〈文藝台灣及其周圍〉裡回顧了當年北上的心情：

一九四三年四月的某一天，我告別心愛的故鄉府城台南往台北就職。我的行李很簡單，只是一些換洗的衣服和盥洗用具而已。我甚至連棉被也沒有帶，打算冬天到了再設法。我很少離開台南，這樣的遠行還是破題兒第一遭。原來我已經接到西川滿先生的一封信，催我趕快到台北踐約。

西川滿作為葉石濤的啟蒙導師，帶領他進入文學的世界。此外，儘管在《文藝台灣》的工作主要都是一些雜事，但也讓葉石濤有機會深入日治時期台灣文壇的生態，結識了楊逵、龍瑛宗、吳濁流等前輩作家。於此同時，他新創作的小說〈春怨〉也成功地刊登在《文藝台灣》上，年少的葉石濤更加堅定了創作的決心，從此走上了文學的道路。

七娘境街・地圖

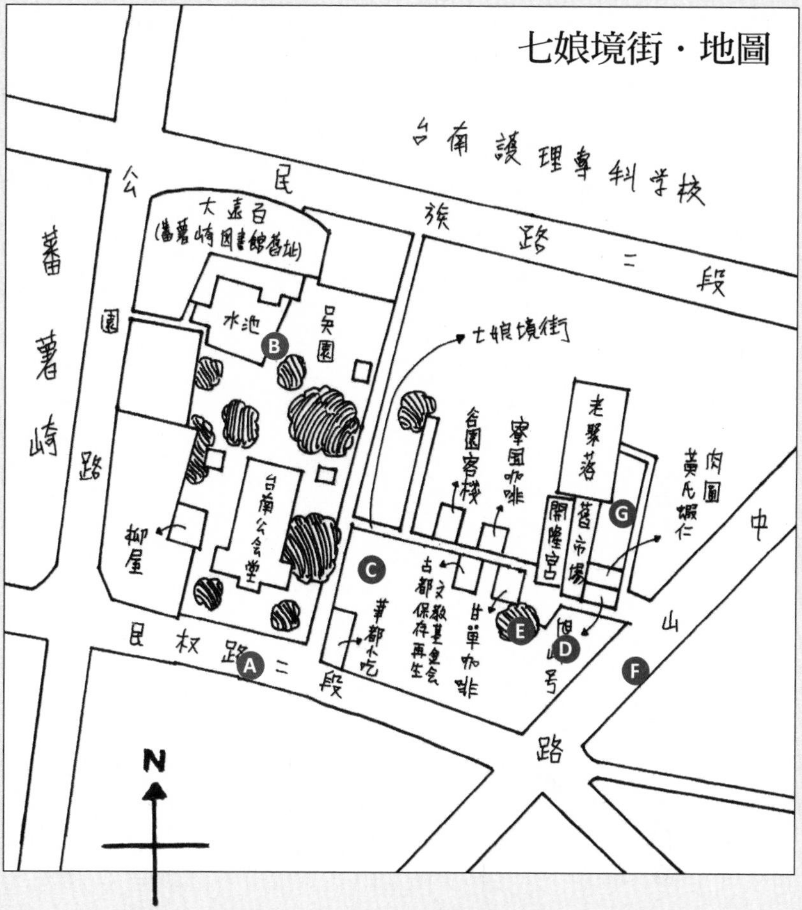

A 圖 8

B 圖 9、圖 23

C 圖 11

D 圖 12、圖 13

E 圖 14、圖 15、圖 16

F 圖 17

G 圖 18、圖 19、圖 20

吳園藝文園區

七娘境街

今日重遊

【屋】台南公會堂

五月的台南逐漸步入梅雨季，大雨像是忘了關的水龍頭，沒日沒夜地下著。前一陣子，我在網路上認識了喜愛台灣的日本插畫家山崎達也與他的妹妹華子，我們相約到「台南公會堂」寫生。那天，我提早一個多小時抵達，在等待的空檔，我走進公會堂，逛逛當年「大東亞文藝演講會」的現場。在大門的左手邊有一間展覽室，詳細地介紹了這棟老建築的故事。

台南公會堂的故事

一八二九年，府城鹽商吳尚新（一七九五至一八四八）買下德慶溪南岸，荷蘭通事何斌的庭園舊址，沿著地勢修建了傳統中式庭園，名紫春園（今吳園），是清代台灣四大名園之一。

吳尚新繼承了父親的「吳恆記」鹽行，在台南、嘉義地區販售食鹽。他也是布袋式鹽田的設計者，當年他受台灣知府鄧傳安之命，在今嘉義縣布袋鎮新厝仔一帶遷建鹽田。在這次的工程中改良了鹽田設計，大大增加了產量，事業也更為興隆，成為他有財力創建吳園的始因。

｜圖 8｜台南公會堂的正面。

日治初期，由於台南缺乏正式的集會場所，在接待外賓或是集會宣教上十分不便，鑒於吳園景色優美，地方官民遂於一九〇八年集資成立「社團法人台南公館」，打算在吳園內興建一座現代化的公會堂，吳氏子孫迫於政治上的壓力，只好將吳園變賣，產權歸台南州廳所有。

雖然已經成立了組織也有了土地，但卻因為經費不足，遲遲未能建館。直到三年後某次在大正公園（今民生綠園）的施工中，工人們意外挖到清代著名書畫家林朝英（一七三九至一八一六）所埋藏的金塊，經費才終於有了著落。這段軼事，成了建館時發生的黃金傳奇。

林朝英生活的年代比吳尚新早了約五十年，是清代府城知名的富商與書畫家，漢學家尾崎秀真曾給予他的藝術高度評價，稱為「清代台灣唯一的藝術家」。不過，現今台南的土地上並沒有留下他的故居遺址（日治時期被徵收拆毀，改為民生綠園），

｜圖 9｜吳園的中式庭園造景。

我們也鮮少聽到他的事蹟，只能從老廟裡陳舊的匾額題字上，找尋他曾經存在的痕跡。

官紳們聘請建築師矢田貝陸設計台南公會堂，並在一九一一年順利竣工。這是一棟由正面的二層樓西洋建築與後方的木造大集會堂所構成的公共空間。西洋建築的本體有著法國馬薩式的屋頂，並在屋頂鋪有魚鱗狀板瓦與冠飾，十分優美。

看到這裡，我比較有概念了。台南公會堂原來就建築在吳尚新的土地、林朝英的黃金與矢田貝陸的設計上，歷史就是這樣一環扣著一環所串連起來的。

在日治時期，台南、高雄兩地重要的公共政策之制定和演講、集會等均在台南公會堂舉行，所以當年「大東亞文藝演講會」會在這裡舉辦也就不足為奇了。

戰後，由於缺乏妥善的維護，這棟承載著城市記憶的老建築逐漸變得破敗不堪，一度面臨拆毀改建成大樓的命運。直到二〇〇六年完成古蹟修復後，才得以以嶄新的面貌重生。現在它成了台南著名的地標，也是我對台南最早的印象。這是我選擇這裡，作為和山崎兄妹相聚地點的原因。

＝找尋生命裡的西川滿＝

西川滿是葉石濤生命中的重要人物。儘管隨著生命遭遇的起起落落，葉石濤已經由年少時的耽美浪漫走向刻劃現實的寫實主義，依舊無法抹滅浪漫主義大師西川滿帶他進入文學世界的影響。

當我站在台南公會堂的中廊，想像七十多年前，少年葉石濤和西川滿相遇的往事，就不禁回想起那些年我在台北學畫的日子。

二〇一〇年的晚上十點，我正由台北回新竹的路上，那晚下了好大的一場雨，讓原本就已經擁擠不堪的台北街頭更加寸步難行，巴士在市區走走停停折騰了好一陣子，才終於擠上南下的高速公路，朝新竹飛奔而去。那是我在台北畫室的最後一堂課，結束了每週六新竹台北兩頭奔波的生活，隔著沾滿水氣的玻璃望向迷濛的窗外，還是不免有些不捨。

我會到台北學畫，得由《看示範學水彩》這本書談起。在前往畫室前，我已經自學快三年了，儘管自認進步神速，還是遇到了瓶頸。由於我的水彩技巧幾乎都是從這本書學來的，經過思考，退伍後，我便決定直接到台北找作者簡老師學畫。

簡老師是個年約四十歲的細瘦中年男子，和太太一起在永和經營畫室。畫室就在捷運頂溪站附近的大樓內，交通相當便利。每個星期六早上，我就搭車前往台北，先在各地逛逛，像是植物園、淡水、碧潭等等，到了傍晚才前往畫室上課，那陣子也是我對台北最熟悉的時候。

我習慣提早半小時到畫室，拿練習的作品和簡老師討論。畫室的課程分為前後兩段，前半段是看投影片的藝術賞析，後半段才是示範教學。在這裡上課從來不會無聊，當簡老師教到激情處時還會開始唱歌，很有週末綜藝節目的感覺。

我在畫室學了九個月，直到暑假過後升上碩二、要為畢業開始忙碌，才告一段落。這段日子最

｜圖 10 ｜這是二〇一三年的舊作，描繪從台北畫室回新竹時，看到的街頭雨景。

讓我受用的是簡老師細膩的教學方式，以及美感經驗的分享。

拿教學方式來說，下筆要用筆腹還是筆尖、手腕該怎樣轉動來控制筆觸、調色的順序要如何安排，都有相當仔細的說明。美感經驗的部分，則是透過一張張的範例，讓我從失敗的構圖中學到美感的設計。可以說，我在這裡掌握了未來獨立創作所需要的全部技巧，不論是有形還是無形。

離開前，簡老師問我有沒有興趣留在畫室擔任助教，但因為擔心無法兼顧課業，我只好婉拒了老師的邀請。最後，簡老師語重心長地說：「我已經沒有什麼可以教你了，之後只能靠你自己了。」

對我來說，簡老師就像是我生命裡的西川滿。儘管離開畫室好幾年了，我們之間的風格也有了差異。但若是沒有遇見他，或許我也就不會在繪畫這條路上一直堅持下去。

【巷】七娘境街

逛完公會堂，看看還有時間，我沿著草坪旁的紅磚老牆走進中山路七十九巷。大概是雨水刷洗了天空的關係，這條小巷子的風景登時清新了起來。

＝做十六歲（開隆宮）＝

快到巷尾的時候，一片靈巧的飛簷出現在我的眼前，走上前才知道這是間祭拜「七娘媽」的古廟，開隆宮。

因為七娘媽的關係，中山路七十九巷在清代名為「七娘境街」。七娘境中的「境」有土地疆界的意思，當時官府以寺廟為中心將這些境聯合起來形成「聯境」，作為維護地方治安的主要力量。所以當我們走在台南街上，看到某某廟前寫的六合境啦、八協境啦，請不要覺得疑惑，它們都是歷史的痕跡。

佔地不大的開隆宮建廟至今已經兩百多年了，除了古老之外，還是台南的特殊習俗「做十六

G.W.Liu
2017.9.15

歲」的起源地。

在清代五條港尚未淤積、港岸郊商雲集的時代，城內民眾多半在碼頭打工維生，其中不乏未滿十六歲的童工。按規定，當時童工只能領成人薪水的一半。當孩子屆滿十六歲時，父母便會在農曆七月七日的七夕夜將孩子帶往七娘媽廟舉行成年禮，有感謝神明庇佑孩子長大、從此可領取成人全份工資的含意，他們管這日子叫「七娘媽生」。後來這項傳統漸漸演變為做十六歲的成年禮儀式，成為台南的特殊習俗。關於儀式的細節，八十多歲的葉石濤在〈寺廟神升天〉裡仍有著清晰的回憶：

> 我祭拜過七娘媽之後，環繞七娘媽亭走三圈，並在父母手持的七娘媽亭下鑽過，出「鳥母宮」再把七娘媽亭焚燒了。鑽過七娘媽亭後又從七娘媽的供桌下匍匐鑽行三圈，再爬起來時我已長大「成人」了，事實上從供桌下站起來的時候我也有一份雄赳赳的氣概；好像我要拋棄舊的、夢的世界，踏入現實的大人的繁雜爭鬥的世界，從此我和少年時期訣別了。

｜圖 12 ｜做十六歲典禮，爬過貢桌才算成年。

｜圖 13 ｜開隆宮做十六歲典禮，人山人海的，光是擠進去看儀式就花了不少工夫。

現在這間古廟仍舊在每年的七夕，舉辦著做十六歲的典禮。我曾經到現場觀摩過一次，早上九點，典禮開始，平常沒什麼人的開隆宮突然成了熱鬧的會場，被人潮擠得水洩不通。在人群中，做十六歲的少年、少女們正魚貫鑽過擺放著七娘媽神像的供桌，有的家長幫孩子繳錢升級成狀元服，也有的就直接穿著便服進行儀式。

我使盡力氣才終於擠到供桌的正前方觀看整個過程。鑽過供桌之後，每個人臉上都滿溢笑容，拿著證書給家長拍照，見證著長大成人的一刻。

這些孩子的心情，就和七十多年前的少年葉石濤一樣，充滿了對未來的憧憬與期待！

做十六歲，儘管古老，仍是這座城市居民們生活風景的一部份。

｜圖 14 ｜香草拿鐵。

｜圖 15 ｜甘單咖啡室外的樣子。

＝甘單咖啡＝

現在的七娘境街開了不少店家，有谷園客棧、寮國咖啡、甘單咖啡、優果鮮……等，參觀完開隆宮，雨還在下著，看看還有時間，我走進位在一旁的甘單咖啡。

這間屋齡約五十年左右的老屋，和周遭的環境形成了一幅小廟、大樹、老街、咖啡館的人文風景。老屋主人利用拼貼而成的窗框構成了甘單咖啡的牆面，一方面和二樓的建築元素互相呼應，另一方面也切割了空間，營造出視覺上的節奏感，十分與眾不同。

窗框做成的牆面，也讓甘單咖啡在白天與夜裡擁有兩種風貌。在白天，光線從毛玻璃透了進來，坐在窗邊可看到屋外的景物，幽靜的環境也不會顯得太過昏暗；在夜裡，光線往反方向走，由毛玻璃洩了出去，鵝黃色的調子有一種獨特魔力，讓街上往來的旅人不禁停下腳步，佇足欣賞老屋的美麗。

｜圖 16 ｜因為窗框牆的關係，甘單咖啡室內的採光非常好。

因為靠近窗邊的位置都坐滿了，我改到吧檯，並點了杯香草拿鐵，在這裡消磨了一小段的時間。顧店小姐為我送來了咖啡，咖啡上浮著牛奶拉出的花紋，就像是一朵浮在杯面上的白色花朵。和一般摩卡的甜度相比，香草拿鐵多了一分苦澀，但卻有淡淡的咖啡香，喝起來也相當順口。

我的座位旁邊是一整排的書櫃，塞滿了和咖啡還有旅行有關的書，我便隨手拾起一本介紹台南的書翻閱，看看其他的作家是用什樣的角度來觀察這座城市。

咖啡、閱讀、空間，我在繁忙的市區裡巧遇了一個人的午後時光。

＊甘單咖啡
地址：台南市中西區民權路二段4巷13號
時間：下午一點到晚上九點半（不定期店休）

＝旭峰號（優果鮮）＝

離開甘單咖啡，巷尾有棟典雅的老房子，上面「優果鮮」與「旭峰號」招牌並列，有種傳承的意味。由於還得回台南公會堂找山崎兄妹，我看了看便匆忙離開，不過我的心裡一直有個聲音圍繞著：「找時間來畫這棟房子吧！不畫它就像是在我的創作裡少了塊拼圖！」

後來我從網路上得知，旭峰號是棟八十多年的老房子，由龐姓老屋主的父親所建，一樓是五金行二樓則是住家。幾年前由於屋主年事已高，在家人勸告下決定歇業，但又不願旭峰號就這樣荒廢，所以想找人接手，讓老屋的生命得以延續。後來，在緣分的巧妙安排下，由凱玲與玟伶兩個女生接續經營。

為了保存大家對旭峰號的古早記憶，她們特意留下老招牌，屋內屋外盡量維持原貌，牆壁外觀的美麗壁飾還有地磚也都獲得妥善的維護。由陡峭的木造樓梯爬上小閣樓，仍然可以體驗舊時代居住空間的氛圍，從這裡特別能感受到她們的用心。

幾週後，我回到旭峰號寫生。店家當天沒有營業，不過那張作品卻在網路上產生了迴響，引起凱玲的注意，讓我有機會認識她，並從中了解當初她們接手的狀況。

「為什麼想來這邊開店呢？」我喝著冷泡茶，點了一塊雞肉帕里尼靠著櫃台和凱玲聊著。

「我喜歡老房子，知道旭峰號也有十年了，屋主在鐵門外貼了一張出租的告示之後，

＊優果鮮

地址：台南市中西區中山路 79 巷 6 號

時間：早上九點至下午六點（休週二）

｜圖 17 ｜旭峰號老屋。

我就直接跑去找屋主談，那個時候剛好就有這麼一個開店的計畫。」凱玲背對著我，一邊烤著我點的帕里尼麵包，一邊繼續補充：「那時因為認識一些小農，加上自己平常都有在吃有機無毒的蔬果，所以才想開一間賣無毒蔬果還有簡單輕食、飲料的小店。一開始我和玟伶一起頂下這間店，不過後來她退出了，所以現在只剩下我一個人。」

「開店很辛苦吧！像我這種上班族，經營的壓力沒有壓在我的身上，公司如果不行了，再跳槽就好。和妳差太多了。」我有感而發地說道。

「不要這樣講啦。不過是真的蠻累的，有的時候要顧店、有的時候要批貨、有的時候還要送貨，整天下來沒有什麼休息時間。」凱玲接著說：「對了，我也有在學畫畫呢！也有在網路上參加速寫台南的臉書社團，只是都沒時間出來和大家速寫。」

「別擔心，總是會有機會的！」我笑笑地答道。我們繼續分享了彼此的作品，還有創作的心得。藝術真是一座連接人與人之間的橋樑啊，我有感而發地想著。

＝沒落的老市場＝

除了寫生，我還走到旭峰號一旁的巷子盡頭，那裡有一條斜坡樓梯，很像香港老城區的風景。沿著樓梯走上去，二樓是開放的空間，幾戶人家比鄰而居，有如鬧區裡的山上聚落。

「宅神」朱學恆主持的「關鍵時刻」的訪談聲從其中一戶人家裡傳了出來，節目正在討論前蘇聯間諜和外星人的關係；一位老人提著垃圾，緩慢地步下樓梯。除此之外，我再也沒遇到半個人或是聽到其他聲音。很難想像在市中心裡會有這樣一個人跡罕至的角落。我順手拿起相機拍了些照片，並畫了些速寫，其實也只是單純地想留住這些可能隨時會消失的舊日風景而已。

斜坡樓梯的旁邊還有個漆黑的入口，通往二樓空間的正下方，這是一座沒落許久的老市場。沒落的原因和國華街的大菜市相似，源自於大賣場興起後，民眾消費習慣改變，傳統雜貨店逐漸被時代冷落的趨勢。幽暗的環境、緊閉的鐵捲門，人潮褪去讓這裡顯得恐怖陰森，就像是一條被時代遺棄的長廊。往深處走，是繁榮過後的黑暗寂靜；往另一端走，是開隆宮前方的明亮廣場。

七娘境街，讓我看到了一個舊時代的消失，但也從那些在老事物上奮鬥的人們裡，看到了保存城市記憶的努力。

｜圖 18｜左上：幽暗的一樓廢棄市場。

｜圖 19｜右上：前往二樓聚落的香港風格樓梯。｜圖 20｜下：二樓聚落。

｜圖 21 ｜山崎達也為台南市觀光局所繪的海報。

番外篇：與山崎兄妹相聚的午後時光

山崎達也來自日本大阪，從小就喜歡畫畫的他，高中畢業後沒有繼續升學，反而跨入職業插畫的領域，創作經歷超過十年，為許多日本的報章雜誌繪製了不少美食插畫。讓我印象深刻的是，除了美食之外，達也的人物畫充滿了動態與喜感，似乎信手拈來就是一張喜劇味十足的創作，是個非常厲害的專業插畫家。

妹妹山崎華子也讓我驚豔，她的中文非常流利，幾乎沒有日本口音，甚至還有點台灣腔。若不表明身分，很容易讓人誤以為她是台灣人。華子和我說，她的中文是二〇一三年來台灣打工度假的時候學會的，從旅遊書裡簡單的對話開始，慢慢地累積、進步。當時她就住在台南，認識不少當地的朋友，也走遍大街小巷，進而愛上了這座城市。

在華子的慫恿下，達也第一次走出國門，來到了台南。他和妹妹一樣，深深地為這裡的美食、人文風情以及台日之間的文化差異所吸引，創作了大量的插畫手繪記錄，最後他將這些作品集結成冊，在日本寫了《オモロイ台南》這本書，並被出

｜圖 22｜山崎達也兄妹。

版社翻譯成《呷飽沒？台南美食繪帖》在台出版。

我曾在蕃薯崎畫了一幅老巷弄的街景（可參閱圖29），這幅作品引起了山崎兄妹的注意，後來在一位網友的牽線下，我們才相約在「台南公會堂」寫生。

逛完七娘境街之後，我走回集合地點等待他們的到來。沒一會兒，山崎兄妹準時赴約，由於達也只懂日文，我們之間便透過華子進行交談。

因為還下著雨，我們先到「十八卯屋」喝茶閒聊，介紹彼此的作品與作畫的工具。我原以為山崎兄妹是第一次來到台南，本來想推薦一些巷弄風景，但沒想到他們早就對台南相當熟識了，經華子解釋我才恍然大悟，不常出國的達也從二〇一三年開始，竟然已經來台南超過七次，台灣還是他唯一到過的「海外」地區，照這個頻率，幾乎是一年來台南四次（我們會面的時候是二〇一五年），非常驚人！

後來雨勢漸漸緩和，我們才走出作畫。雨雖然不停地

｜圖 23｜當天和山崎達也一起在大雨中所畫的吳園風景。

下著，幸好吳園裡有一個涼亭，我們才不至於淋濕。此外，由於隆起的地勢，還可以從涼亭俯瞰吳園的水塘與庭園造景，是個十分適合在雨天寫生的小地方。

空氣被這場大雨刷得清新，不斷落下的雨水在遠方形成了一片薄薄的迷霧，鋪陳在眼前，模糊了視線，也減去了緊貼在吳園後面，高聳的大遠百商場所產生的壓迫感，增添了幾分幽靜的氛圍。我盡可能在畫裡呈現雨的感覺，方法很簡單，多用點水，然後讓畫作淋點雨就行了。與此同時，達也同樣專注地畫著作品，不會畫畫的華子則在一旁拍照記錄。十八卯屋的葉老闆和山崎兄妹是舊識，他也走了出來，站在我們身後默默觀看。

完成作品，我們又回到了十八卯屋。這個時候葉老闆已經走進屋內泡茶，他的身旁還坐了一位留著白鬍子，皮膚黝黑的老先生，經介紹我才知道這位老先生是台灣文學館的首任館長林瑞明老師。他們熱切地邀請我們一同品茶、開槓，在無拘無束的談天說地中，結束了這個下著大雨的午後時光。

｜圖 24｜山崎達也所繪的寫生實況。

【巷】蕃薯崎

台南公會堂附近的「蕃薯崎圖書館」是葉石濤中學時期常常流連的地方，他習慣放學後到這裡念書，直到閉館才回到打銀街的老家「葉家大厝」。

葉石濤在《草地裡的書房》裡曾敘述，雖然葉家大厝相當寬敞，但每個房間裡幾乎都塞滿了各種舊傢俱，或是完全不知道用途的笨重傢伙，連一張像樣的桌椅都沒有。他只好和眾多的堂兄弟姊妹們一起爭搶家裡正方形的大餐桌讀書。

因為這個原因，他索性讀書寫作都在蕃薯崎的圖書館完成。年少時缺乏專屬書桌的經歷，反而使他沉浸在圖書館的文學世界裡，滋養了正在發芽的文學夢想。

這棟建於一九二一年的圖書館已經消失，舊址上蓋起了大遠百商場，周遭的街景也在戰後有了極大的變化。若要感受年少的葉石濤從葉家大厝走到圖書館的沿途風景，或許能前往古稱「蕃薯崎」的忠義路一五八巷一探究竟。

清代的每一條商業街幾乎都是同行同業群聚在一起營生的領域，類似歐洲的基特爾組織，從古地名，我們大概可以猜到這些地方在古時候的區域特色。蕃薯崎顧名思義就是販售「蕃薯籤」的小山丘地帶。「崎」指的是地勢較高的意思。那個時候，蕃薯崎曾是府城十字大街商業中心的一部分，十分繁榮。

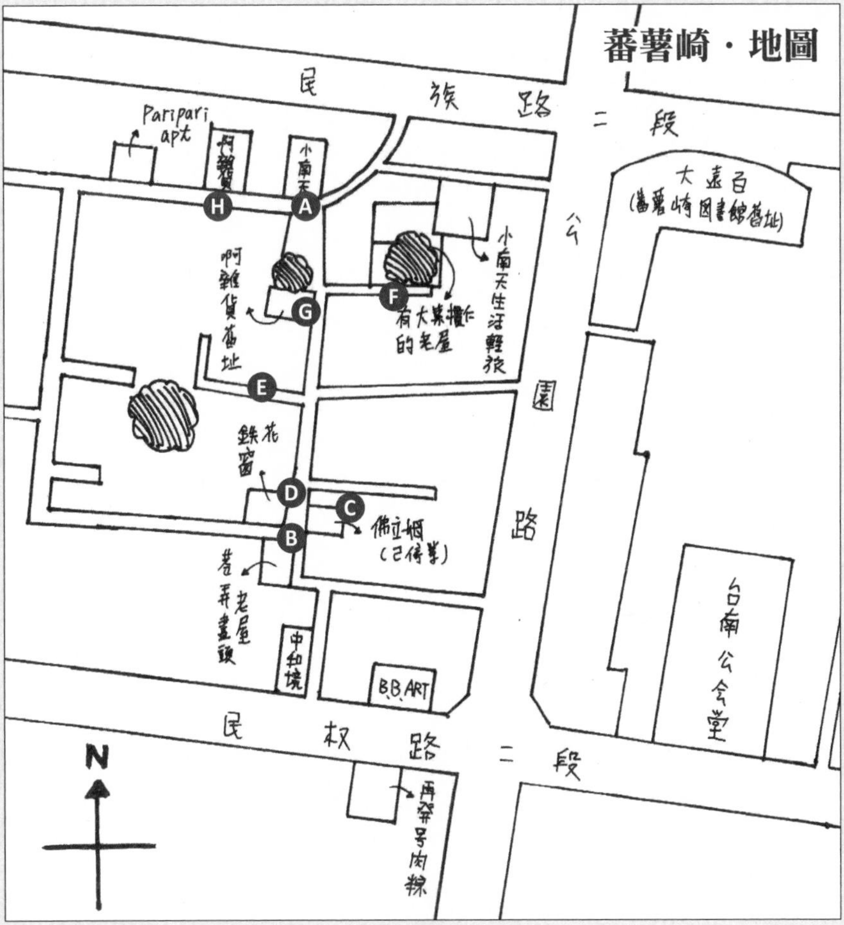

- A 圖 25
- B 圖 26、圖 27
- C 圖 28
- D 圖 29
- E 圖 30
- F 圖 31、圖 32
- G 圖 34、圖 35、圖 36
- H 圖 37、圖 38

＝蕃薯崎的小南天＝

現在的蕃薯崎就位在由民族路、民權路、公園路與忠義路所圍繞而成的區域內。由民族路的巷口進入，沿著緩緩上升的斜坡走，會在接近巷口的地方看到一座古廟「小南天福德祠」。

建於明鄭時期的小南天福德祠除了是台灣最早的土地公廟外，還是隱藏版的財神廟。清代住在附近的官商士紳都會在此參拜，祈求發財，香火頗盛。這間老廟現在仍保存得相當完整，廟口上懸掛的黑色匾額，有著寫得雄渾有力的「小南天」三個大字，上網查了資料才發現，小南天是由南明寧靖王朱術桂（一六一七至一六八三）所命名，而題字的，正是清代的書畫家林朝英。

為何會叫小南天？原來明末清初時，朱術桂從大陸流落台灣，在赤崁樓旁的大天后宮住了下來。某日，他來到荷蘭通事何斌的宅第附近散心。當時這一帶仍未開發，朱術桂從座落在小山丘旁的土地公廟往外望去，看見了前方德慶溪的潺潺細流，以及遠處高低起伏的大小山巒，清爽秀麗的風景，讓亡國的朱術桂有了「此地可比擬南天勝地」的感慨。

感性的朱術桂一時興起，便將歇腳的土地公廟取名「小南天」。所以說，小南天不只是這間老廟的名字，也是台南市區景物變遷的遺跡。

很難想像吧，現在車水馬龍、建築林立的市中心，在三百年多年前竟是一片優美，有山有水的自然景觀。我以小南天福德祠為起點，展開了蕃薯崎的探訪。

｜圖 25 ｜蕃薯崎的小南天福德祠。從大街走入這裡，可以感受到明顯的坡度，印證了三百年前這裡曾是一座小丘陵。

＝走訪蕃薯崎＝

位在小南天福德祠前方的老巷弄狹小而侷促，除了住戶外很少訪客，相當地寧靜，很難將它和清代熱鬧的蕃薯崎商業區聯想在一起。

走入這裡，我像是「碰」的一聲掉進了舊時代的迴廊。兩旁的房子新舊混雜，巷子的寬度僅容行人和機車通行，汽車進不來也出不去。老房子大多是早期磚造或木造的街屋，清代或日治時期興建的都有，因為缺乏妥善的維護，呈現老舊殘破的狀態，有一棟甚至已經破爛到除了長滿雜草的地基與黝黑的樑柱外，什麼都沒有的地步了。蕃薯崎還有不少野貓，每隻看起來雖然瘦小，但都很精實，也不太怕人，應該是附近居民有在餵養的關係。

老巷子以一間陳舊的二層樓木造街屋作為結尾，別看它外觀破舊，在五〇年代這裡曾是美軍常光顧的撞球俱樂部。巷尾還有一間叫「鐵花窗」的民宿，這棟三層樓的暗紅色建築總是大門緊閉，相當神祕。雖然我從來沒有走進去過，但還是曾透過網路部落格的介紹，一窺屋內六〇年代風情的漂亮佈置。

鐵花窗對面的老屋，是清代官府的銀庫。為了防備竊賊，屋頂以巨大的衍木所造，緊密地排列在一起，

｜圖26｜蕃薯崎的小野貓。

以防止被掀瓦潛入，而地板下方也埋了巨石，避免被遁地盜金。這間老房子後來被改造成成為專賣早午餐的店家「佛立姆」。登上佛立姆的閣樓，可以俯瞰整個蕃薯崎的格局，若把現代的房子從眼前刪除，只留下部分仍然健在的橘紅色傳統閩式屋瓦，還能想像一下百年前

｜圖 27｜蕃薯崎街尾的木造街屋，曾是美軍撞球俱樂部。

｜圖 28 ｜由佛立姆閣樓往外看的蕃薯崎風景，呈現新舊交錯的都市景觀（參考知名部落客「倫敦男孩」拍攝的照片繪製）。

｜圖 29｜我在蕃薯崎的第一張作品。

府城的天際線。不過，現在佛立姆已經搬遷，我們也無緣再看到這樣的景色了。

會來到蕃薯崎，是當初為了到佛利姆吃早午餐的關係，就這樣莫名其妙地發現了這塊有意思的舊時代保留區。台南有不少這樣子的老巷子，帶給這座城市文化的深度。

我在蕃薯崎畫的第一張作品，就是由巷尾往小南天福德祠的方向看過去的風景。

那天，當我正專注寫生的時候，鉛灰色的天空卻開始下起了大雨，這場突如其來的雨讓我措手不及，唏哩嘩啦的雨滴不斷地打在畫紙上。

一陣手忙腳亂之際，身旁的鐵門忽然打開，穿著白色無袖內衣的中年男子對我說：「要不要進來躲雨？」我像是看見救星般，連忙道著「謝謝，謝謝」便衝進屋內。在等

｜圖 30 ｜蕃薯崎的角落。

雨停歇的空檔，我和這位大叔閒聊了起來。

「你知道這裡的古地名嗎？」大叔問。

「不知道耶。」

「這裡以前叫蕃薯崎。是蕃薯的那個蕃薯，在古代這裡都是賣蕃薯簽的店家。」說著說著，大叔打開手機上的古地圖指給我看。

「什麼是蕃薯簽？」

「喔，那個就是古早時代窮人吃的主食啦，用來代替米飯的。」

這是我第一次聽到蕃薯崎這個地名。不過仔細想一想，台南的古街名稀奇鄙俗的還真不少，像是屎溝墘、摸乳巷、狗屎巷……等，但也有和職業相關但又很好聽的街名，如打銀街、草花街、米街……等。

我想到了澳門。走在澳門街頭，現在還能在路牌上看到砲兵街、工匠街、瘋堂斜巷等古老的街名。然而，台南古老的街名早已隨著時代的變遷消失無蹤，取而代之的，是那些冰冰冷冷又和在地毫無關係的新路名。我想，如果有一天台南能夠全面恢復從前的古街名，這座城市也會更加有趣。

＝大葉欖仁＝

距小南天福德祠不遠處的轉角，有一棟廢棄的大宅院，院子裡有著高大茂盛的大葉欖仁。二〇一五年四月，我第一次走入這裡。大葉欖仁濃密的闊葉像把巨大的傘，那片綠色濃密又頑強，將天空遮去了大半。我目測了樹幹的寬度，要兩人環抱才能勉強圍住，對照街道上那些剛種上去又瘦又小的路樹，需要多少時間的累積才能成長到這樣的大小？我猜老樹的年紀至少可以追溯到日治時期吧！

大葉欖仁是台灣原生種，本來叫做欖仁樹，又有涼扇樹、楠仁樹、雨傘樹等稱呼。其名緣於一九六六年從非洲引進的「小葉欖仁」，為了區別兩者的不同，葉子很大的欖仁樹只能改名為「大葉欖仁」了。大葉欖仁的葉子會隨季節的變化而變，在秋冬落葉前，會由鮮綠色慢慢轉變為深紅色。

那天我帶了紙和筆來到蕃薯崎，看到這棵老樹的時候，就立刻決定要將它畫下來，因為那瞬間突然冒出一個想法：「現在不畫，或許以後就會後悔吧！」我原本想直接走進院子，但拉了拉紅色的大門，發現它是上鎖的。為了讓視線可以廣闊一些，只好站在磚頭上，拉長脖子，越過大門往裡面看。

畫紙上我隨想像力遊走，把畫面的主軸放在老樹身上，濃密的綠蔭填滿了整張紙的上半部，葉子、樹幹也賣力表現出造型的扭曲感，畫老樹的同時，我與老樹之間也進行著對話，而被風拂得沙沙作響的葉子，也許是老樹正在唱歌呢！

看著畫到一半的作品，竟讓我想起了埃貢．席勒（Egon Schiele）。這位奧地利表現主義畫家的作品充滿了激情的線條和扭曲的形狀，不知不覺中我也走上了和他一樣的道路。

「你在畫畫嗎？」路過的老人好奇地問我。

「喔，是的。請問您是？」

「我是小南天的廟公啦，這間厝已經沒人在住了，好像有二十多年了。」

「這房子看起來很不錯呀，寬敞又有很大的院子，還有大樹，屋主怎麼會想要搬走呢？」

「還不就是因為這個社區的路太小了嘛！要改建還是整修這間厝都很麻煩，車子都開不進來，即使開進來也沒有地方停。屋主家裡開工廠，也算是有錢人，就搬到郊外另建新厝了。」廟公向我仔

｜圖 31｜小南天福德祠的廟公。

｜圖 32｜蕃薯崎的大葉欖仁。因為這幅畫，讓我想到了許多後來作品裡常用的技法和藝術構思，是確定風格的第一張作品。

細地解釋，接著又補充：「這間厝的位置真的很好，鬧中取靜，這樣任其荒廢，真的很可惜！」

「不過院子看起來乾乾淨淨的，有人會固定來打掃嗎？」

「是呀，里長伯有鑰匙，每隔幾個月會召集酒駕勞動服務的人，進來修剪樹枝，順便打掃院子裡的落葉和清理排水溝的積水。這棵樹落葉的量很恐怖！」

多虧這位熱心的小南天廟公，我才對所畫的景物有比較深入的認識。

我在王浩一的《當老樹在說話》這本書裡也看到了這顆老樹。據書裡的說法，他當時正在蕃薯崎裡一棟歇業多年的老賓館「京城賓館」探查，與合作夥伴討論是否要接下這棟老大樓進行活化。走到頂樓陽台，王浩一偶然發現了這顆大葉欖仁，那時是冬天，所以老樹的葉子已轉成了紅色。這棵樹，讓王浩一為它寫了一首詩，也讓王浩一與夥伴們為了讓更多人可以看到這顆老樹，決定接下民宿的委任案，才有了「佳佳小南天」的誕生。

那次的巧遇後，我一直沒有再來探望這棵老樹。幾個月後，我卻再也沒有機會了。

二〇一五年八月八日，蘇迪勒颱風襲台，強大的風勢將我家的玻璃撞得趴趴大響、公寓中庭裡的兩株雞蛋花也被吹得攔腰折斷。那時我想起了蕃薯崎的那棵大葉欖仁，擔心它是否能撐得過這次的颱風。

不幸的消息在隔天捎來，網友在我的粉絲團留了言，老樹已經在強烈的風勢中轟然倒塌，以最慘烈的方式結束了生命。當時畫的作品竟成了絕響。看著它，我想起當初突然興起的「現在不畫，

｜圖 33 ｜某日的早上風雨交加，從家裡往外看鹽水溪是一片的模糊景象，讓我想到了二〇一五年的蘇迪勒颱風。

或許以後就會後悔吧！」這個念頭。想到這裡，我竟難過得說不出話來。

後記：二〇一八年一月，我再度探訪，發現這裡又有了新的改變。那間有著大葉欖仁的老宅院已被來自北部的企業買下，現在被高達三尺的鐵皮團團包圍，聽說之後會被全部鏟平、新建旅館，封閉的小巷也將被打通，直接連結到大街。我有感而發地覺得，台南老事物消失的速度，真的比我想像得要快得太多了！

【訪】台南的京都風景：啊雜貨

日式療癒選物店「啊雜貨」也在小南天福德祠附近，在台南的巷弄裡有許多這樣風格的店家，卻不會讓人覺得突兀，或許這和日治時期日本人與台灣人共同生活的文化記憶有關吧！

＝巷弄的日式風情＝

我在小南天福德祠前，發現了一間日式雜貨店。這間小店就座落在一顆大榕樹下，茂密的樹蔭為它遮蔽了午後熾熱的陽光，細細長長的氣鬚像是髮絲般參差不齊地垂落在一旁，成了和小店相映成趣的風景。印有「啊雜貨」三個字的棕色門簾懸掛在門口，白色的外牆配上深橘色的窗框，有著淺淺的日本味，讓小店顯得與眾不同。即使在這條從清代便存在至今的傳統台灣老街裡，「啊雜貨」看起來也沒有絲毫違和突兀的感覺，每當我經過這裡的時候，總有一股想走進去一探究竟的衝動。

走在台南巷弄中，其實這樣風格的店家偶爾會出現在不經意的轉角處。它們能夠融入台南街景的主要原因，或許就源自於殘留在台灣社會DNA裡，那段在日治時期與日本人共同生活的文化記憶吧！這樣的連結感，在許多老一輩的台灣人裡特別強烈，對葉石濤來說，也是他終其一生所懷念的兒時回憶的一部分。

葉石濤曾在〈左鄰右舍的日本人〉這篇回憶文裡，寫到孩提時代在葉家大厝兩旁由日本人所開設的店家「巴吳服飾店」和「萬屋」。巴吳服飾店是一間專門訂做傳統高級和服的店家，生意

｜圖 34｜啊雜貨舊店的外觀。路的盡頭是小南天福德祠。

｜圖 35 ｜啊雜貨的內部空間。第一次到這裡的時候，我爬上了二樓的儲物室，往下俯瞰了整間店的樣子。

相當興榮，每天出入的都是社經地位較高的日本人，不過老闆山口先生並不歧視台灣人，倒是對葉家人相當尊敬友愛。萬屋則是間小小的雜貨店，賣的東西很雜，從日常用品到日式食品無所不包，像是味增、紅鹹魚、瓷器、油傘……等。葉石濤讀公學校時常先到店裡向阿靜婆報到，領取黑砂糖飴丸，然後才開心地去上學。七十多年的時間過去，這些當年在台南營生的日本店家也已經不在。當我將啊雜貨和它們聯想在一起時，反而有種相當親切的感覺。

＝大男孩的療癒世界＝

「這個燈具是用日本傳統和傘的工藝做出來的，是老工藝活化的創作品。不過單價蠻高的，大部分都是由日本料理店買去增加店裡的氣氛。」當我在店裡東看西看時，孟彥走了過來，熱情地介紹著這些他精挑細選的商品。「還有這些不倒翁，他們的外殼都是用日本傳統的紙漿技藝做出來的，不要看它只是紙漿，其實相當堅固。」

孟彥是啊雜貨的老闆，也是個很有親和力且童心未泯的人。一間店就像是一個人個性的延伸，這些氣質可以從店裡的氛圍感受出來。貨架上陳列著他從日本精挑細選回來的玩偶雜貨，都是相當精美且造型特殊的精品，這些雅緻得像藝術品的小東西，像是和紙製品啦、小公仔啦、燈具啦

或是手帕等等，都散發著一股療癒人心的氣息，即使只是佇足欣賞，也讓我有了放鬆的心情。輕柔的日本歌緩緩地環繞在這個小小的空間裡，讓我不自覺跟著歌曲的旋律，走入孟彥的和風世界。

除了介紹商品外，孟彥還和我聊到了創業理念。他從小就對日本的公仔文化很有興趣。大學畢業後申請到京都的藝術專門學校進修，專攻生活雜貨。

「京都的藝術專門學校和台灣的職業學校差不多，學生都是十八、十九歲的女生，來學一技之長，畢業後就會馬上投入職場。」孟彥說。

「喔，那個時候有交到日本女朋友嗎？」

「沒有啦！沒有啦！」孟彥馬上靦腆地臉紅了起來。

「我開玩笑的。不過你怎麼會選生活雜貨？」

「原本我是想選和公仔有關的科系，可是學

｜圖 36｜日本療癒選物公仔。

校沒有，在老師的建議下就選了生活雜貨這個主題。在學校的這兩年學到比較有用的技能應該是商品企劃。我發現日本的公仔企劃都很細緻，每個公仔都會量身打造出非常仔細的背景資料。」

畢業後，孟彥留在京都上班。「老闆不喜歡表情看起來太獨特的公仔，怕客人不喜歡，所以要求設計師製作大眾臉的公仔。」這是孟彥在第一間公司「龍虎堂」工作幾年的經驗。後來他到了專做和傘的「日吉屋」工作，學習職人的工匠精神，開一間療癒雜貨店的構想也在那時萌芽。

回台灣後，孟彥先在台北的廣告公司當了幾年業務，他對於強調即時性的業界文化一直不能適應，之後在朋友的介紹下決定辭掉工作，南下台南開療癒雜貨店來實現夢想。他希望這間店除了可以讓走進來的客人認識日本傳統的技藝外，還能透過療癒小物釋放生活的壓力。

＝搬店與再出發＝

「請問下次我帶畫筆來店裡創作如何？」我有了想為這間店創作的念頭。

「好是好，不過不瞞你說，再過一陣子這間店就要暫時歇業了。」孟彥露出了無奈的神情，接著說道：「這陣子房租一直在漲，我實在沒辦法負擔。」

｜圖 37 ｜啊雜貨的老闆，孟彥。

「怎麼會這樣……那之後還會繼續開店嗎？還是就這樣收起來了呢？」我很驚訝。不過自從台南的觀光起飛後，房租也跟著起飛了。不只啊雜貨，不少店家也因此被迫搬遷。

「我也希望能夠繼續留在這裡，我很喜歡這條巷弄。」孟彥補充說道：「不過別擔心啦，其實已經有好幾位住附近的阿嬤問我能不能改到她家開店了。」

我不小心噗哧地笑了出來，心裡浮現好幾個阿嬤圍著孟彥搶人的畫面。

互留聯絡方式後，我便離開了。第二次再見到孟彥已經是一年後的事情，啊雜貨也搬離了原本的位置。我原以為孟彥已經忘記我了，但才到店門口，他就認出我並親切地打著招呼。

現在的啊雜貨仍然在蕃薯崎裡，但在小南天廟婆的幫助下搬到巷裡的民宅繼續營業。新的店面是戰後修建的房子，雖然沒有原本的店面古老，但在他的細心經營下，仍保持著同樣的氛圍。這突然讓我想到了一件事，近年來台南的文創風盛行，在一窩蜂大量複製的情況下，有些店雖然很文青，裝潢外觀都屬一流，但在過度的包裝下，卻少了內在的核心價值，每次一不小心走進去，總給我一種假掰的感覺。我認為，逛小店就像喝茶，好的小店是會讓人回甘的！

除了看商品，我也很喜歡和孟彥聊上幾句，我們談到了啊雜貨之後想做的方向，孟彥說他想運用自己的企劃專長做一些公仔企畫案，除了目前日本的商品主線外，還想做可以和在地連結的東西，像是台灣傳統的虎爺公仔，除此之外，也會找機會加入自己的創作。我想，那次的搬遷對他來說並不是災難，而是再出發的起點。未來的啊雜貨，讓人越來越期待了。

｜圖 38 ｜搬家後的啊雜貨，就在小南天福德祠旁邊。

＊啊雜貨

地址：台南市忠義路二段 158 巷 23 號

時間：下午一點至晚上七點（不定期店休）

【卷二】赤崁樓西

|圖 39|立人國小現在的樣子。校門口的校舍本館是市定古蹟，至今依然搶眼。

【昔】初戀的故事

「太平洋戰爭末期中，日本軍閥兵力缺乏，許多日本人都被徵當兵去了，所以們留下的職位空缺相當多。在地方基層政府機關或金融機構要謀得一份餬口的工作並不困難。特別是國民學校裡正鬧教員荒。我喜歡讀書，又討厭跟陌生人接觸，對金錢的來往此類營生更深惡痛絕，所以再三考慮之後決定去當國民學校的『助教』。」——葉石濤〈巧克力與玫瑰花〉

十九歲的葉石濤結束了在「文藝台灣社」為期一年多的工作後，返回府城故鄉，在任職於教育局「訓導」的堂兄推薦下受聘到寶國民學校（今立人國小）擔任助教。助教不算是正式的教員，大概相當於現在的代課老師，但薪水福利相當不錯，跟那時的白領受薪階級相比毫不遜色，老師

的身分又有一定的社會地位，讓青年葉石濤過了一段小知識分子的愜意時光。小學教員單純的生活讓葉石濤可以在閒暇之餘安心讀書寫作，再加上他也不喜歡在工作上一直接觸陌生人，所以找工作這件事就這麼定了下來，他沒想到就此當了一輩子的小學老師。

由寶國民學校散步回家，米街（今新美街北段）是他每天生活的必經之路，也就自然而然地與這條街道建立起深厚的關係。「石春臼」就座落在米街旁廣安宮的廟口，舉凡台南常見的點心，如米糕、魚丸湯、炒鱔魚都可以在這裡找到。在葉石濤許多以米街為主要場景的短篇小說裡，點心攤聚落石春臼總是故事發生的現場。與庶民文化的結合，也為他的小說在讀者間帶來共鳴。

在眾多與米街有關的小說中，〈巧克力與玫瑰花〉讓我印象深刻，這是篇以第一人稱寫成的自傳小說，改編自葉石濤當年在寶國民學校的初戀往事。

小說以米街做為開端。

葉石濤先回顧了青春時代印象中的米街面貌。他敘述那時的米街是條寬度不過三、四公尺的老街，雖然號稱米街，但米店反而不多，老街兩側盡是一些販賣五花八門商品的老店舖，其中賣香燭冥紙之類的店舖特別多。當年的米街或許就類似現在各大觀光區裡人來人往的商店街吧！

經過熱鬧的米街，拿到「助教」派令的葉石濤來到了位在大銃街的寶國民學校。剛到寶國民學校報到的葉石濤是個十足的叛逆份子。不似服膺戰時體制的青年剃成光頭、身穿類似軍服的卡其色「國民服」，他反其道而行地留了一頭西洋髮型，又在報到前訂做了一身鵝黃色麻布西裝，站在眾人中顯得相當突出。

這樣的舉動除了讓他時常被日本校長叫去校長室關切外，還在學生之中贏得一個新的綽號，「high collar 先生」，也就是時髦老師的意思。對照後來內斂刻苦的中年人形象，年輕的葉石濤是個充滿浪漫情懷的青年，在遇到白色恐怖之前，他的人生相當順遂，甚至有點春風得意的味道。他在學校遇見一位新來的女助教，並為之著迷。這位女老師講得一口優雅的「奈良腔」日語，動作舉止也有日本女性的拘束謹慎，讓他一開始

｜圖 40｜ High collar 先生。

｜圖 41 ｜米街的風景。那天，我正在幫市府拍觀光廣告，利用拍攝前後的空檔畫了這幅作品。畫的時候，我想到了跳色的技法，您可以注意看紅色在畫面裡的跳動。

以為這位女助教是日本人，年輕的葉石濤如此描述對這位女助教的第一印象：

她的臉淺黑，特別是那挺拔的鼻子，令人憶起了愛琴海希臘民族的古典性秀美。她真的是難得一見的美女，她纖細的肢體洋溢著羚羊般活潑的氣息。

在米街的石春臼，葉石濤又巧遇了這位女助教，才知道她是道地的府城人，本名叫謝秀琴，是牙科醫生的女兒，自幼留學日本奈良，才說得一口好聽的奈良話。謝秀琴就住在米街的一棟二樓洋房裡，大概是這個原因，讓她碰到了在這裡幫阿母買芒果的葉石濤。

得知謝秀琴原來是台灣人後，葉石濤對謝秀琴的思慕越來越深，他展開了追求攻勢，也時常找機會到米街謝秀琴家的洋樓外徘徊，看看是否能夠再巧遇對方。

在物資匱乏的戰爭年代，浪漫本性的葉石濤好不容易弄到了一盒巧克力與一束黃色的玫瑰花，在放學後空無一人的教室裡交給了謝秀琴。結局並非如他想像中順利，謝秀琴堅定地拒絕了這份告白，因為她的父親早已將她許配給總督府的一位年輕日本官吏，年後就要出嫁了。不論她再怎麼抗拒，仍舊無法改變這個事實。

拿著巧克力與玫瑰花的葉石濤傷心欲絕地離開了教室。後來謝秀琴在同年十二月辭職，離開了寶國民學校，這段初戀也無疾而終。他們之間就像斷了線的風箏，失去了聯繫。

沒有結果的初戀總會在我們的心裡留下深刻的遺憾，或許這就是初戀讓人難以忘懷的原因吧！

最後，關於〈巧克力與玫瑰花〉還有個有趣的插曲，年輕的葉石濤在謝秀琴家的院子看到了一隻豢養在狗籠的黑豬，散發惡臭的黑豬與美麗的洋樓間產生了強烈的違和感，經朋友說明，他才知道這隻黑豬是謝秀琴的父親為了婚禮的「大餐」而準備的。多年後，中年的葉石濤將這段記憶作為素材，寫進了代表作〈葫蘆巷春夢〉裡，成為黑色喜劇的一部分。

｜圖 42 ｜巧克力與玫瑰花。

A 圖 40
B 圖 43
C 圖 44
D 圖 46
圖 47
圖 48
圖 49
E 圖 50
圖 51
F 圖 52
G 圖 53
H 圖 54

北段大銃街

南段大銃街

A 圖 41
B 圖 55
C 圖 56
D 圖 58
E 圖 59
F 圖 60
圖 61
G 圖 62
圖 63
H 圖 64
圖 65
I 圖 66
圖 67
J 圖 68
K 圖 69
L 圖 70

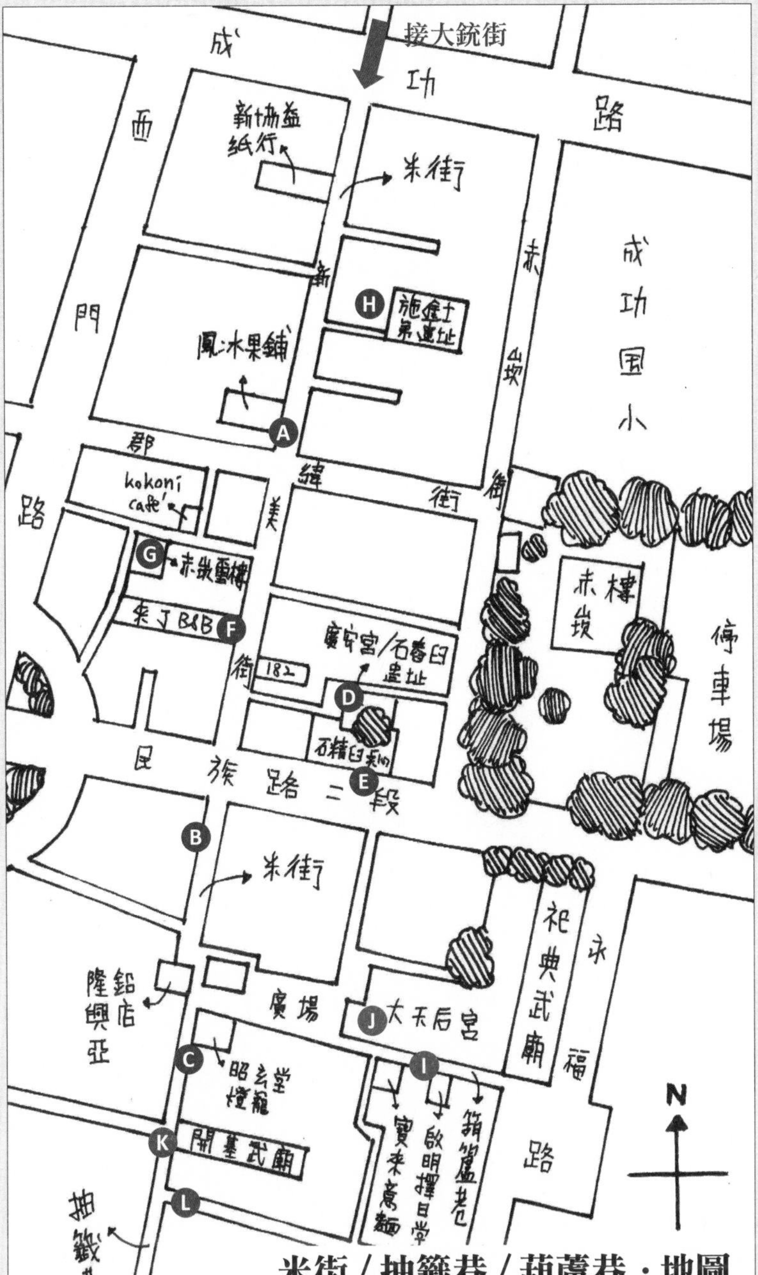

米街 / 抽籤巷 / 葫蘆巷 · 地圖

米街（北新美街） 抽籤巷

葫蘆巷

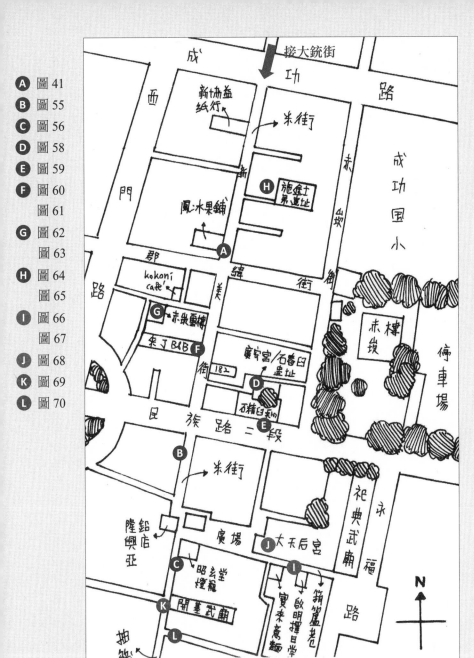

【巷】大銃街

寶國民學校在日治時期是一所由台灣人子弟所就讀的公學校，設立於一八九八年。一開始的時候校址並不在現在的位置，而是在今日的「永樂市場」，由於學生日漸增多，才於一九〇九年遷移到位在大銃街的「前清軍北廠造船廠」現址。學校幾經擴建，當葉石濤到這裡擔任助教的時候已經頗有規模。座落在校門口校舍本館建於一九三八年，是棟有著濃厚西洋風情的L型建築，至今仍然保存完整，是台南的市定古蹟。

在寶國民學校任教的這幾年擴展了葉石濤的活動範圍，自然而然地也就與附近的「鴨母寮」、「蕃薯籤市」、「米街」、「寶美樓」、「普濟殿」、「大舞台」有了交集。

年輕時代的生活經驗為葉石濤後來的文學創作提供了充足的養分，成為小說筆下一個又一個的文學地景。寶國民學校旁的大銃街是一條古老的街道，對愛逛巷子的葉石濤來說，是當年回家

｜圖 43｜走進大銃街，狹小的巷道、陳舊的街屋，可以讓人感受到清代老街的氛圍。然而，台南老房子的保存讓人憂心，畫完這幅畫的幾個月後，再經過這裡，發現畫面右邊冰箱旁的房子已經被柵欄圍了起來，不知道是要整修還是拆除。

的必經之路。

我由大銃街出發，經過米街，一路走到葫蘆巷與抽籤巷。在途中我看見了許多風景，也回憶了許多往事。

＝關於大銃街＝

大銃街在清代是連結小北門的重要官道，原名水仔尾街。一七八七年的「林爽文事件」是台灣清領時期的三大民變之一。在此之前，台灣的城池是不允許築磚石城牆的，然而這次大規模的民變使得清廷開始重視府城的防衛，將原本的莿竹城牆改建為磚石城垣，並在小北門設置重砲（古人稱大銃）。完工後，先民們便將水仔尾街改名為大銃街。

當時這裡是出入小北門的重要官道，附近也有古溪「德慶溪」經過，連結五條港的水路，使得這裡成為軍事重地。寶國民學校所在的位置曾經是清軍「北廠造船廠」，負責維修軍艦，以及運送兵器。這裡也有不少的打鐵舖，由於位在當時府城的最北端，出了城門，映入眼簾的是成片的農田，城外農家的農具壞了，都會帶著農具到大銃街的打鐵舖修理。這裡曾是府城南北交通的樞鈕，往來的旅人絡繹不絕，街道兩旁商店林立，叫賣聲不絕於耳，非常繁榮，就像是古代版的台南中正路商圈。

日治時期的市區改正將西城牆拆除，並開闢成西門路，一旁的大銃街失去交通樞紐的地位，也就逐漸沒落下去。當年輕的葉石濤來到寶國民學校當助教的時候，這裡已經是條簡陋又狹小的巷道了。葉石濤甚至還曾在小說〈騙徒〉裡形容大銃街是「以髒與亂著名的街巷」。

七十多年後，大銃街大致上停留在葉石濤年輕時代的樣子，夾在現代化鋼筋水泥建築的角落，仍然隨處可見古老的傳統街屋。老房子的保存狀況並不好，有的荒廢多年，有的已被改建，有的則是成了散落一地的磚瓦。大銃街的名字也被換成了自強街。

除了仍在營業的老式理容院、藏在民宅裡的宮廟，或是屋裡堆滿了雜物看起來歇業已久的中藥行外，現在的大銃街還多了兩間新開的店家，「堯平布朗尼二店」和「穆俬傢俱」。

這裡出入的人以當地住戶為主，即使是假日也不會有太多的遊客到訪。巷道的兩旁不時會有轉角，鑽進去總會發現意想不到的風景。

｜圖 44｜大銃街的日常風景。

＝追憶初戀・在大銃街＝

我會和大銃街發生交集，是因為一位學生的關係。Ellis 是來自香港的女孩，看起來年紀和我差不多，有一頭飄逸的長髮與明亮的眼睛，相當熱情。

Ellis 原本在香港的旅遊雜誌任記者，因為工作的關係，常到世界各地採訪特色景點。憑著一股追夢的傻勁，她辭掉工作，來到台南當起職業插畫家。她到我位在安平的教室學水彩的時候，已經移居台南好一陣子了。

我很少在水彩課裡修改她的作品，一來她已經是一位兼職的插畫家了，二來她也學得很快，能夠迅速掌握到各種技法的訣竅。課堂上，我和她聊了不少水彩之外的事情。像是怎麼會想來台南、為什麼想當插畫家、或是以前在香港的生活經驗等等。

Ellis 在畫室總共學了三個月的時間，課程結束後不久就回香港了。她說因為家人朋友都在香港，還是無法割捨自己生長的故鄉，再加上雖然住在台南，但幾乎都只接到香港的案子，所以最後還是決定回去。離開前，她在大銃街的「堯平布朗尼二店」辦了場告別台南的個展，並邀我參觀。

週末午後，我到大銃街看她的個展，這是我第一次來到這條老巷弄。這裡寧靜得出奇，除非偶然有機車在窄巷裡穿梭，不然不會有太多的聲音。我走進店裡，爬上樓梯來到二樓展場，牆上錯落有致地陳列著 Ellis 的作品，我也眼尖地發現，她的畫已經熟練使用了許多我分享過的技法，再加上獨特的色彩與構圖，讓人為之驚艷。

看完展覽，我在一樓的吧台和店長峰聊了起來，他正愁下一檔的展覽還沒有定案，就邀請我也到二店辦展，我爽快地答應了這個邀約。於是 Ellis 的個展變成了我和她互相接力的聯展。

Ellis 回香港後，我們還是會偶爾聯繫。其實，她讓我想起了學生時代的初戀女友，這真是意想不到的巧合。

｜圖 45 ｜ Ellis 的作品。我喜歡這樣想像力奔馳的風格。

｜圖 46｜堯平布朗尼二店的展覽空間。畫作的玻璃上映射著空間的倒影，也構成了美麗的畫面。

我就讀新竹高中的時候，每年耶誕節前，校方會和新竹女中一起舉辦聯合舞會，那個時候聯誼很盛行，聯合舞會其實就是一場青年男女們的大型聯誼活動。在舞會前幾個星期，我們就開始練舞，基本的套路是至少要會跳「華爾茲」，比較厲害的同學還會練高難度的街舞，像是用頭在地上轉圈圈等，打算在舞會時炫技。我的肢體不協調，所以只能練基本的華爾滋。但是華爾滋跳得好，其實已經很夠用了。

在高三畢業前的最後一場聯合舞會裡，我遇見了就讀高一的她。我懷著緊張忐忑的心情，請她跳了一隻華爾茲，並且成功地要到了電話。在那個沒有智慧手機也沒有即時通訊軟體的年代，我們彼此聯絡的方式主要靠一則又一則的簡訊，因為簡訊沒辦法即時來回交談，也不會顯示對方是否已讀，我總是焦急地等待她回覆的訊息，短則幾分鐘，長則幾個小時，那種期盼感，到現在還是讓人難忘。

考上清大的那年暑假，我們正式交往了。可惜的是，對愛情懵懵懂懂的我，卻不懂得珍惜得來不易的緣分，這段戀情並沒有維持多久，最後以分手收場。分手後，儘管已經過了近一年的時間，但每當我閉上眼，她的身影卻總是出現在我的眼前，怎麼也忘不了。後來我不知怎麼地，想到了為她畫一幅肖像畫這個計畫。「或許可以挽回她的心吧！」

不過，當時的我根本就「完全不會畫畫」呀！對於一個完全不懂素描的人來說，要畫出唯妙唯肖的人像畫幾乎是不可能的任務，但我還是買了一本素描教學範本開始自學，這也是我踏入繪畫世界的起點。

我持續不斷地畫著素描，也持續不斷地撕掉失敗的作品。當意識到送畫的那天快要到來的時候，我竟然已經進步到可以將她的樣子逼真地畫在紙上的地步了。我小心翼翼地將畫作裱框，打算找機會親手交給她。這個禮物，我的「巧克力與玫瑰花」，最終還是沒能交到她的手上，而且我們再也沒有機會見面了。

我一直是明白這點的，只是不願意承認罷了。

奇怪的是，被拒絕的那一刻，我反而有一種解脫的感覺。這幅畫有沒有成功送出去已經不再重要，因為我在學畫的過程中找到了真正的自己，也找回了幼年時期遺忘許久的繪畫夢想，讓我的人生除了理工之外，還能有不一樣的選擇。

當我看著 Ellis 的個展的時候，回憶起這段初戀與學畫的往事，大銃街對我來說也因此有了新的意義。

═ 堯平布朗尼二店 ═

因為曾在堯平布朗尼二店（簡稱二店）辦過展覽的關係，我和店家逐漸熟識了起來。

｜圖 47 ｜堯平布朗尼二店的外觀。

堯平布朗尼由堯與平兩兄弟合力創辦。哥哥堯曾在台北捷運擔任駕駛，弟弟平則是工程師，他們決定放下一切來到台南創業，在開山路開了一間屬於自己的店面。

創業前，堯與平兄弟倆曾苦惱著要賣什麼商品，剛好這個時候偶然在食譜上翻到了布朗尼的介紹。布朗尼是一種小塊、濃味、很像餅乾的巧克力蛋糕，以它富含的巧克力色（brown）而得名。他們發現這種點心很好上手，即使沒有基礎也不容易失敗，於是便決定以布朗尼作為主力產品。他們從原味延伸，開發出不少富有特色的新口味，逐漸打響了名號。

堯與平掌握節奏，待第一間店的經營上了軌道之後，才到大銃街開設二店，此時他們的表弟峰也加入經營的行列，一起幫忙。

｜圖 48｜正在準備布朗尼的峰。

二店是一棟兩層樓的傳統民宅，有別於一店的工作室型態，堯與平特別在二樓規劃了展覽空間，定期展出在地藝術家的作品。爬上樓梯，映在眼前的是一個通往小陽台的木門，門兩旁各有一扇窗戶，陽光從中灑了進來，讓室內明亮而清新。展場另一端的空間是墊高的，有兩個台階的高度，兩旁還有紅色帷幕相襯，很像一座小小的舞台。

負責照料二店的是鋒，當初Ellies與我的畫展都是由他當聯絡窗口，幫忙打點和接洽的。我在畫展結束後的某個下午，帶了畫具來到這裡寫生，打算從陽台俯瞰的角度來畫這條寧靜的巷弄。

「平常的工作會很忙嗎？」我一邊作畫一邊和峰閒聊。

「是還好啦，主要還是看客人的量囉。

客人一多的時候，還是挺忙的，畢竟現在店裡也只有我一個人在顧。」峰有點靦腆地答道，然後伸著頭看著我畫畫：「這樣會不會打擾到你？」

「不會啦，安心，我已經習慣了。對了，只有你一個人這樣不就什麼都要顧嗎？」

「是呀，工作還蠻雜的，除了打點店面、整理環境、招呼客人、準備各式的布朗尼糕點外，還要負責籌備每個月的展覽。」

「真是辛苦呀！為什麼畢業後想來這邊做呢？我記得你好像是電機系畢業的樣子。」這時我剛好打完草稿，準備要上色，接著又問了一個問題。

「嗯，因為我想要未來自己開一間店當老闆，剛好表哥們有這麼一個展店的計畫，正缺人手，所以我退伍後先來這邊幫忙了，順便好好和他們學習怎樣經營一間店面，賺一些經驗值。平常雖然很忙，可是還蠻有趣的。」峰樂觀地說著他的計畫。忽然他想到了一件事：「對了，要不要吃冰淇淋和喝些東西，我等一下拿上來給你。」

「不用不用，這樣很不好意思！」

「沒關係啦，我們店裡很多，等我一下，我這就去拿給你。」峰笑著，轉身走下了樓梯準備點心。

來到二店作畫還受到店家的招待，讓我覺得很不好意思，但轉念一想，其實這也是和店家的一種交流，也就釋懷了。這應該是畫畫所帶來的附加好處吧！

｜圖 49 ｜和峰閒聊的那天畫的作品。由陽台往外看，大銃街層層疊疊的屋簷所構成的風景一覽無遺。

＊堯平布朗尼二店

地址：台南市北區自強街 117 號

時間：中午十二點至晚上七點（休週一）

＝南段的大銃街＝

離開堯平布朗尼二店，再往前走會來到「穆俬傢俱」，這是一間改造回收傢俱與兼賣早午餐、甜點以及飲料的複合式工作坊，過了這裡便是大銃街北段的出口了。越過曾是古河道「德慶溪」的馬路，進入大銃街南段。這條巷道的長度很短，可以一眼望到另一端的米街。

｜圖 50｜（上）穆俬傢俱的大門。

｜圖 51｜（中）穆俬傢俱的吧台。

｜圖 52｜（下）連接南北大銃街的縣城隍廟。

大銃街上，老房子正在逐漸消失。堯平布朗尼二店附近的老屋在我還來不及記錄就被怪手鏟平，變成殘留著老屋格局的空地。大銃街南段入口處的幾棟傳統紅磚大厝被鐵皮團團圍住，不知是在等待拆除還是買主的光臨。若是沒有適當的歷史街區維護計畫，再過個幾十年，大銃街就會和德慶溪一樣，消失在城市的變遷裡。

南段的大銃街有兩個值得一提的地景，「開基天后宮」以及「舊來發餅舖」。

開基天后宮是台灣第一座媽祖廟。荷蘭時代的漢人移民渡過波濤洶湧的黑水溝（台灣海峽），沿著德慶溪在南岸的水尾仔上岸。那時台江內海還沒消失，海岸線就在西門路上，靠海維生的漁民眾多，為了祈求媽祖保佑，在水尾仔搭起草寮供奉媽祖，這座草寮就是開基天后宮的前身。直到明鄭時期，才將草寮改建成廟宇。由於這間廟的規模小於同樣祭祀媽祖的大天后宮，所以又稱小媽祖廟，而大銃街南段，也因此被稱為小媽祖街。

｜圖 53｜開基天后宮。

開基天后宮對面的舊來發，則是台南相當知名的百年餅舖。不同於一般景點常見的大型紀念品餅店，舊來發的外觀和古早時代的「柑仔店」沒有太大的差別。可別小看這間老店，它從創立到現在也經歷了一百多年的風雨。由於純古法的手工餅品質很好，不少府城傳統廟宇的建醮祀品都由舊來發承製。這讓我想起一位朋友曾經說過的理論，因為台南為數眾多的廟宇，讓許多的老技藝與老東西得以保存下來。

舊來發最有名的招牌產品是「椪餅」。前台南市長賴清德曾經在舊來發一口氣買了四千顆椪餅，到全台各地發送。椪餅是台南的傳統糕餅，以白糖或黑糖作為內餡，吃起來特別香，外表圓潤潤的，所以被稱為椪餅。古時候糖是奢侈品，椪餅在清代的府城是高級點心，一般百姓坐月子捨不得殺雞，便改用有黑糖內餡的椪餅，敲破中空餅外殼，在餅內打上一顆雞蛋，並放上龍眼乾，用麻油煎煮食用。這個作法慢慢演變成椪餅的傳統吃法。

除了傳統的椪餅，這間老店還有一個讓我相當驚喜的特色。老闆的女兒玟慧幾年前開始接觸微縮模型，在無師自通下，練就了製作精美小物的巧手，她把舊來發的縮小版完整地復刻了出來，我們可以將整個店面一覽無遺，也可以看到那些放在微縮櫥櫃裡的小巧糕點，讓我有了誤入小人國的錯覺。台南的老店總讓我驚喜，誰能想到在傳統的餅舖裡，竟隱藏著一個微縮的世界！

在我的眼中，新與舊並非水火不容。相反地，根植於傳統的創新，往往能激發更多的能量。近年來，台南的老巷弄因為年輕人的進駐而有了新的活力。真心期望這樣的改變，會是正面的。

＊舊來發餅舖

地址：台南市北區自強 15 號

時間：早上九點半到晚上八點半（不定期店休）

｜圖 54 ｜舊來發餅舖。

｜圖 55 ｜現在的米街，和抽籤巷連接的地方還保有古味。

【巷】米街

＝米街的歷史＝

由大銃街繼續往南，越過成功路，就會來到米街。幾年前碩士畢業南下，對台南認識不深，一直以為橫跨好幾個街區的新美街就是古代的米街。到後來真的開始熟悉生活了好幾年的地方，我才慢慢有比較正確的地理概念，這才搞清楚新美街與米街之間的差別。

現在的新美街，是由北、中、南三段老巷弄所組成。葉石濤筆下的米街，是指新美街北段，也就是從和成功路交會的起點到大天后宮前廣場之間的街道。至於中段，則由大天后宮前廣場到民族路二段之間的抽籤巷所構成。剩下的部分，就是古稱「帆寮街」的南段，那裡

｜圖 56｜米街上的昭玄堂燈籠店（參考鄭道聰拍攝的照片繪製）。

是明清時期台江內海還沒消失前，先民修理船具的地方。

米街除了是府城最古老的街道外，也是台灣最早的縱貫線。米街的名稱由來，和歐洲的基特爾組織一樣，得自於清代街上盛行的輾米廠。米街上「石春臼」的名稱（亦稱「石精臼」或「石鍾臼」），則來自於聚商家所販售的春米器具。

葉石濤的小說描述了四、五〇年代的米街風貌。當時清代的碾米廠早已式微，取而代之的是更加豐富的商業活動，從南北雜貨、民俗宗教的紙製品、亞鉛桶、織布廠到飲食小吃等一應俱全，人潮擠得水洩不通，石春臼廣場上飲食攤販雲集，叫賣聲不絕於耳，熱鬧非凡。對年輕的葉石濤來說，對這樣的繁榮一定讓他印象深刻。

｜圖 57｜某天上午，我來到米街，觀察與速寫在這裡生活的人們。

米街的繁華還延伸到赤崁樓前的民族路，在戰後逐漸形成台南市最大的夜市「民族路夜市」。然而這一切在一九八三年後急遽地衰退，當時的市政府為了整頓市容而解散了民族路夜市，加上後續不當的都市計畫截斷了人潮，米街從此沒落下去。

經過一個甲子的變遷，我們已經看不到葉石濤年輕時代那條熱鬧的米街了。現在的米街，是一條鋪著柏油、兩旁停放著汽機車的平凡街道。不過，散步其中，仍然可以找到一些古早時代殘留下來的痕跡。

＝石舂臼遺址＝

「我決心在『米街』邊的點心攤聚落『石鍾臼』，吃一碗府城頂有名的米糕了。那米糕香噴噴的肉燥，鬆而香的魚鬆落進肚子裡的時候，我顧不得失儀，吁了一口長長滿足的嘆息。其實只一碗是解決不了我的飢餓感的。起碼我可以吃得下十多碗，另加幾碗魚丸湯。」——葉石濤〈紅鞋子〉

從民族路口進入米街（新美街北段），轉入不遠處的巷子裡，映入眼簾的是一間破敗的古廟，排得緊密的鐵皮如同一道道的封印，將它包圍起來。古廟前還有一塊小小的廣場，慵懶的小貓咪

｜圖 58｜座落在石春臼遺址的廣安宮，因為年久失修，整棟老廟已經破爛到連門面都沒有的地步了。不過一旁的老樹倒是相當生氣盎然。

靜靜趴在地上睡著午覺，一點也沒意識到我的到來。環顧四周，我發現這裡剛好是民族路上「石春臼點心城」的後門，這也難怪空氣裡有著淺淺的油煙味了。

我後來才逐漸了解這裡的歷史。原來，這棟破損得體無完膚的古廟曾有著輝煌的過去。古廟叫「廣安宮」，建於清雍正初期，至今差不多有三百年。它原是大天后宮的鼓樓，和與開基武廟的鼓樓相呼應。

日治時期因為市區改正、街道擴寬，遷移到現在的位置，那時因為米街人潮眾多，所以廣安宮的香火也相當鼎盛。有意思的是，目前的建築本體是日治時期遷建之作，呈現著閩洋折衷的風格。它的正殿為閩南燕尾形式，兩側的廂房山牆則為西洋風格。

現在的廣安宮只是一具空殼罷了，廟裡主祀的五府千歲已在十年前移到民族路旁的

｜圖 59 ｜民族路旁的新石春臼。由上到下的台南傳統小吃分別為度小月擔仔麵、米糕、虱目魚丸湯。

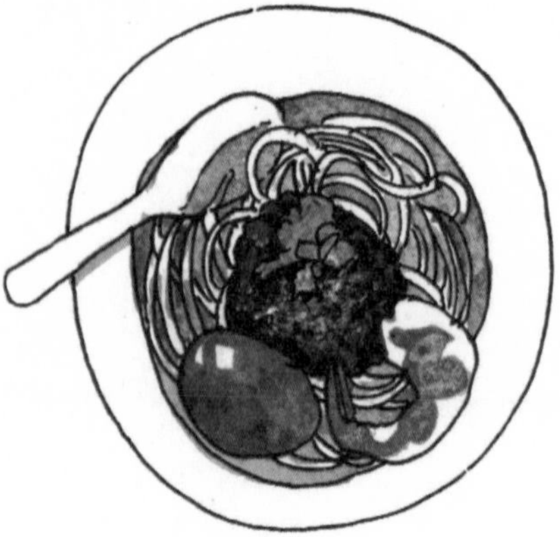

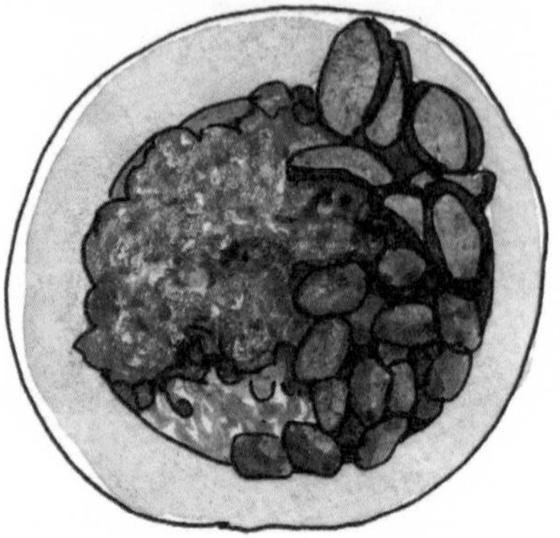

「神明行館」暫時安置，等待著老廟籌到錢完成修復遷回的那一刻。

廣安宮前的廟口小廣場曾經小吃林立，是葉石濤筆下的石春臼小吃舊址，但當我循著小說的描述找到這裡時，此處早已廢棄多時。不過這些原本在石春臼廣場營生的攤販並沒有完全消失，由赤崁樓沿著民族路走到米街的這段路上，現在仍舊聚集了眾多的小吃店家，暫且稱之為「新石春臼」好了。

若想重溫葉石濤當年的味道，可以到新石春臼點碗米糕，然後搭配魚丸湯或是四神湯，我尤其喜歡台南米糕黏黏的口感，結合四神湯乳白色的湯汁真是絕配。現在的新石春臼仍是品嚐台南庶民小吃不可漏掉的聖地。

＝老房子：來了＝

這幾年米街陸續開了不少新的店家，像是藝術展場「么八二空間」、早午餐「來了」、咖啡輕食「kokoni cafe」、蔬食料理「赤崁璽樓」等等，呈現著蓄勢待發的新氣象。然而走在這裡，並沒有知名景點萬頭攢動的人潮，反倒多了份慢活的悠閒。

在這些眾多的店家之中，我和「來了」早午餐與「赤崁璽樓」有過交集。來了早午

＊來了
地址：台南市中西區新美 149 號
時間：早上九點半到下午五點（每月不定休）

｜圖 60｜第一次來到店裡於二樓窗邊所畫的風景。

餐是棟有著天井格局的長條形老房子，大概有七十多年的歷史。這棟大宅在日治時代是一間販賣版畫的商舖「隆發」，吳姓屋主一家人也曾經住在這裡。

時光飛逝，當年吳姓屋主的後代大多離開台南生活，有的在北部，有的移民美國，這棟房子也因此荒廢了三十多年，直到前幾年設計師潘先生接手改造，老屋才又有了新的生命。

和這棟老屋的連結，是由於一位朋友的緣故。蕾蕾曾在這裡工作過一陣子，剛開幕的時候，她邀請我到店裡坐坐。某個週末上午，我安排了時間來店裡吃早午餐。

老屋前棟是有著開放式設計的樓中樓。我爬上樓梯來到二樓，由上往下可以看到三三兩兩正在用餐的顧客。我選了靠窗的位置，在等待蕾蕾的同時，順便描繪窗外的天井與室內所組成的和諧空間。

｜圖 61 ｜來了的正面。

剛打完草稿，蕾蕾就來了。她領著我參觀後棟的空間。我們由一樓逛到了頂樓，每個房間都有各自的特色，蕾蕾說：「老闆特地找了不同職業的行家設計了室內空間，像是我們現在進來的這間是由潛水教練設計的。其它的房間還有旅遊作家、花藝老師或是保留老屋樣貌的懷舊風格呢。」

不過呢，最能引發我想像的，是前棟與後棟之間的天井。這個天井是一個小花園，當白天陽光直接進來的時候，綠意盎然的植栽與陰香樹，讓我覺得這裡就像是葉石濤小說裡的某個場景，啊，是呀，讓我想到〈巧克力與玫瑰花〉裡，葉石濤的初戀情人家中那個豢養著黑豬的小院子。

閱讀小說最有趣的地方，是每個讀者都能發揮想像力，找到心中的風景——即使真實的場景早就已經不存在了。

▲圖 62 ｜拜訪赤崁璽樓後，過了好幾個月，我再度來到這裡。那時是傍晚，錠藍的天空與橘黃的街燈構成了一幅美麗的畫面。讓我想到了梵谷的名作〈夜晚露天咖啡座〉。

二 老房子：赤崁璽樓 二

某個週末下午，在台北工作的朋友回來台南，剛好我們都有空，因此相約前往米街寫生。

那天，一位中年人碰巧路過，注意到了我們：「你們在寫生呀！我的餐廳很漂亮喔，要不要進來看看？」

「你的餐廳是？」

「就是你們現在正在畫的那一棟呀！」中年人笑著回答，接著說：「我的餐廳叫赤崁璽樓，是幾十年的老房子呢！」

「好呀，等我們畫完，就到你那邊參觀打擾好了。」

這位熱情的中年人是赤崁璽樓的葉老闆，他和妻子二人經營著這間由老房子改造而成的特色蔬食餐廳，就位在距來了早午餐不遠的巷弄裡。這棟四層樓半的氣派老豪宅融合了日式與歐式的建築風格，圍繞著二到四樓的迴廊與藍色花窗，以及守護在門口的兩對黝黑石獅子，都是老房子的一大特色。

這裡的蔬食料理有主廚套餐、義大利麵、燉飯等等，也有無菜單料理，選擇種類繁多，呈現精緻化的特色料理路線。

赤崁璽樓前身為「洪東亞大樓」，原為一間在四、五〇年代製作與販售皮鞋的皮革店，為洪

｜圖 63 ｜二〇一六年的米街天際線，可以看到穿插在老屋之間的現代水泥樓房。

C.W.Lin
2016.12.24

定根與洪定基兩兄弟所有。戰後初期（一九五三年），洪氏兄弟為了方便雙腳纏足的老母親到鄰近的「大舞台」看戲，特別將皮革店翻修成四樓半的洋房。改建時，原日式舊建築的屋瓦與木構被保留了下來，形成現在「和洋融合」的外觀。這棟四樓半的洋房是戰後初期台南市僅次於「五樓仔」林百貨的重要地標。畢竟在那個年代，高聳的大樓是相當少見的。

屋內的擺設典雅，有古董鐘、青花瓷以及各類歐式的木造傢俱，這裡還有個大天井，採光可以均勻地分配到整個室內。葉老闆問我們想畫老房子的哪裡，我卻不加思索地說想到頂樓看看，因為「爬上頂樓陽台應該可以俯瞰整個米街，這是非常很難得的機會」。

爬上頂樓，當年台南第二高的老豪宅早已被許多高樓比了下去，米街的老房子也成片成片地消失了。和老照片比對，台南的街景在這幾十年來的變化真的很大。

於是，帶著記錄僅存的老事物的心情，那天下午，我和朋友專注而熱情地畫下了距〈巧克力與玫瑰花〉七十多年後的米街天際線。

＊赤崁璽樓
地址：台南市中西區西門路二段372巷10號
時間：中午十一點半到下午兩點半，晚上五點半到九點（不定期店休）
電話：(06)224-5179

＝施進士第遺址＝

離開了赤崁壐樓所在的巷弄，沿著米街繼續往北走，在右手邊還有一個小巷口，從這裡彎進去，會來到一塊被時光遺忘的小天地——施進士第遺址。多虧參加「葉石濤文學地景」散步活動時導覽阿姨的介紹，我才知道原來米街還有這麼一個隱密的角落。

在葉石濤文學地景踏查的導覽手冊上，節錄著一段提到施進士第的小說內容：

「我趕忙換上霜絳（兩色混紡的布）中學制服，由於是暮春，也就不戴帽子了，就這樣跟著翠蓮姑娘走了，好不容易走到米街施進士第大門前，我就再也忍不住發問了。」——〈二姑．我和藝妲〉

看完手冊上的摘要，我一直以為施進士第便是故事發生的場景，後來讀完了小說，才發現這只是個誤會。在〈二姑．我和藝妲〉裡，二戰時期的州政府要求葉石濤的二姑，在普濟殿開辦社區國語講習所教授日語，並負責聘任講師，當下她便想到了就讀南二中的葉石濤，於是請翠蓮急急忙忙帶他過來。他們途中經過米街，最後才抵達位在大銃街的二姑家。後來擔任講師時，葉石濤邂逅了一位年輕的藝妲，故事也就由此展開。

｜圖 65｜施進士宅第遺址是一塊隱藏在都市叢林裡的小角落。老屋保存的狀況很差，正面的木門窗已經被小偷偷得一乾二淨，相當可惜。

說到這裡，施進士第其實只是葉石濤在前往大銃街時路過的尋常風景。七十年後，我也循著一樣的路線來到這裡。導覽阿姨帶我們從米街彎入一條約四人寬的狹小巷道，過了巷道之後會看到綠意盎然的開闊空間，周圍的建築將這個空間緊密地包了起來，像是一座由水泥叢林所圍繞的谷地，施進士第遺址就在我的眼前。

導覽阿姨解釋：「宅第主人施瓊芳（一八一五至一八六八）和施士洁（一八五三年至一九二二年）父子倆是清代台灣僅有的父子檔進士，由於宅第就位在米街，所以米街當年也叫進士街。這對父子檔進士都不喜歡當官，對於文教事業反而比較熱衷。他們曾任府城的海東書院山長，以培養後進為己任。甲午戰爭後，施士洁不願意接受日本統治，舉家遷回大陸，最後病死在廈門。這棟宅第在施家人遷移出去後，也就逐漸廢棄。」

同團的成員們忙著拍照，十分鐘後，導覽阿姨就帶著我們繼續前往下一個地點。雖然時間緊湊，但這座廢棄的老宅一直在我的心裡揮之不去，幾個星期後的週末早晨，我又回到了這裡，這次只有我一個人，寧靜的環境特別能讓人感受到時光凍結的氛圍。雜草從石板的縫隙間、紅磚牆

｜圖 64｜庭院裡遺留了一座日治時期的津田牌汲水泵浦。

旁或是屋頂已經傾塌的廂房裡探了出來，呈現一片欣欣向榮的景象，蝴蝶繁忙地在野花中飛舞、採蜜，在陽光的照耀下，像是一點又一點懸浮在空中的波光，一閃一閃的構成一幅美麗的畫面。

靜靜地杵著那裡，我突然有了感慨。在時間的大洪流下我們都很渺小，熱鬧的米街也好、人丁興旺的施進士宅第也好，都抵擋不住時間的巨輪，消逝無蹤。七十年前那個年少的葉石濤已經不在，但他留下的文學作品讓我們看到了他曾經走過的路與體驗過的人生。百年後，我是否也能靠著繪畫留下一點存在的痕跡？

離開施進士第遺址，往北走不遠便是米街的終點（也是新美街的終點），越過成功路進入大銃街後，再往前走，就會來到〈巧克力與玫瑰花〉故事發生的地景，寶國民小學了。

【巷】葫蘆巷與抽籤巷

＝府城的書房＝

在〈府城的書房〉裡，葉石濤回憶了孩提時代的求學往事。六歲的時候，他被母親帶到「抽籤巷」裡一位年約六十歲的前清秀才家中學習漢文，那時已是日治中期，漢文教育逐漸式微，被新式教育取代。年幼的葉石濤會被送到「私塾」讀書，可能是在上公學校之前，托兒所不多的緣故。另一個原因也是他的父母希望他在接受日文正式教育之前，能夠先學習漢人的傳統文化。

對一個不愛讀書的孩子而言，整天被強迫坐在私塾裡朗誦經詩並不有趣，他之所以願意風雨無阻地去上學，是因為上下學時必經的沿路風景可以看到有趣的事物。此外，棒子與胡蘿蔔齊下，逃學會被母親揍、外婆準備的誘人糕點與零用錢，都發揮了相當大的威力。

小葉石濤通常都是抄小路去上學的，除了比較快之外，小巷子裡的風景也遠比大街有趣得多。他會先到位在「萬福庵」旁的六姑婆家巡視院子裡的無花果樹和桑樹，這裡是他的小小王國，接著再跑到赤崁樓附近的外婆家領零用錢，然後才心滿意足地由武廟旁的「葫蘆巷」前往書房。

在他的記憶中，葫蘆巷是一條陰暗潮濕、兩側房屋的屋簷幾乎相連、寬度狹窄僅容一輛牛車

｜圖 66 ｜葫蘆巷的算命攤招牌。

通行的小巷道。巷子的兩側，盡是古老招牌林立的算命館，像是「日日春算命館」、「福來命館」等等。

逛完了古老的巷子，如果還有時間，他會鑽進葫蘆巷尾端的「大天后宮」，用充滿好奇心的眼睛，鼓著小臉仔細端詳著廟裡那尊巨大和藹的媽祖神像。這尊神像的臉龐被幾百年來持續不斷的香火燻得黑亮，直到近幾年古蹟修復，才回復了原本金色貴氣的容貌。最後，離開大天后宮，小葉石濤才心不甘情不願地走進有著琅琅頌經聲的書房讀書了。

台南古老的生活風景是葉石濤心中文學種子成長的土壤，童年的好奇心，也為這顆種子帶來生長茁壯所需的養分。當我了解到這些藏在巷弄背後的深刻連結時，也就產生了不僅止於事物表面的感受。

我的兒時回憶

葉石濤在〈府城的書房〉裡的童年時光，勾起了我的回憶。

我還依稀記得，上幼稚園的時候，當時還在世的阿嬤知道我和弟弟喜歡畫畫，幫我們蒐集了一大疊的舊廣告傳單，因為這些傳單只印正面，背面自然就成了我們揮灑創意的空間。我喜歡在那一大片的白紙上填上各式各樣的車子、房子、人物，雖然在大人的眼中，這些只是孩子的塗鴉，但對年幼的我來說裡，卻是一個個正在紙上發生的真實故事，也是在我心裡種下的藝術種子。

然而畫畫這件事卻在我小學畢業後戛然而止了。父母親幫我報名了國中美術班的入學考試，考的項目有術科和學科兩種，術科考的是傳統的素描和水彩、學科考的卻是數理相關的測驗。很奇怪吧，為什麼明明是美術班卻要考數理？原來美術班只是個幌子，它其實是變相的資優班。

我是滿懷著多麼熱切期待的心情準備美術班的考試啊。母親幫我報名了一個位在舊公寓裡的畫室，爬上又黑又暗的樓梯，這間看起來破舊不起眼的公寓其實有著開闊的室內空間。整戶公寓裡的房間都被打通，老師與年輕的助教在不同的房間來回穿梭、指導學生，雖然我的印象已經模糊不清了，但當時在明亮的畫室裡和同學們一起畫著石膏像的畫面，在我閉上眼睛用力回想的時候，還是會若隱若現地浮現出來。

考試的結果出來了。我的術科拿到了不錯的成績，學科卻不及格，最後還是和美術班無緣，我因為這個挫折，生氣地停筆不再畫畫。在接下來的日子裡，我一年一年長大，卻也一點一點遺忘了畫畫的感覺，直到大學三年級重新開始，那顆兒時栽下的藝術種子才真正開始成長茁壯。

當我帶著踏尋葉石濤兒時回憶的心情來到葫蘆巷時，總是不經意地，想起了這段在孩提時代所發生的往事。

＝走訪葫蘆巷與抽籤巷＝

葫蘆巷帶給我一種穿越時光隧道的感覺，而且有趣的是，在台南不論身在何處，都無法不意識到廟宇的存在。拜城隍的、拜王爺的、拜媽祖的……大大小小的宮廟散落在台南各個角落，深厚的歷史與信仰相結合，構成這座城市的人文風景。赤崁樓附近開發得早，短短的葫蘆巷周遭座落著三間歷史悠久的明鄭古廟，也就不足為奇了。

巷口的祀典武廟別稱大關帝廟，奉祀關聖帝君，和同時期的孔廟一文一武，是台灣最早的廟宇之一。它雖然規模頗大但香火不盛，總是顯得冷冷清清的，這樣的狀況似乎和葉石濤幼年時的印象沒有太大的差別。

由於短短的葫蘆巷聚集了眾多的算命館，所以這裡又稱「算命巷」，葉石濤小時候看過的算命招牌，到了現代仍舊參差不齊地陳列在我的眼前。

巷子中段的古廟是大天后宮，這裡原是明朝寧靖王朱術桂所居住的「寧靖王府邸」，在進入清領時期後被官府改為媽祖廟，是全台最早由官方興建且列入官方祀典的媽祖廟。廟裡巨大的媽祖像莊嚴而神聖，讓步入這裡的信徒不由得雙手合十，虔誠地向她祈禱訴苦。

穿過大天后宮前的廟埕廣場來到抽籤巷，左轉不到幾十步的距離，就是開基武廟了。開基武廟是全台灣首座關帝廟，所以有開基二字。又因該廟與祀典武廟同為祭祀關公的廟宇，但面積較小，老府城人都稱此廟為小關帝廟。

抽籤巷的名字源於開基武廟，因為此廟奉祀的文衡大帝之籤非常靈驗，清代時求籤問卜的善男信女不少，許多相士便在此設攤營生，問卜、香舖、金銀紙等店家也群集此地，久而久之，便成了聞名的抽籤巷。

這三間古廟就沿著鋪有紅磚與石板的緩坡依勢而建。三百多年前，這裡曾是緊鄰著海岸線的丘陵地帶，那時台江內海還沒消失，開基武廟就剛好修建在緩坡尾端的海岸旁，隔著台灣海峽遙望大陸。台江內海淤積成五條港後，變成關帝港的碼頭。到了台江內海完全消失的現代，則退縮到城市的巷弄裡去，丘陵的地貌也隨著都市的發展消失無蹤。

｜圖 68 ｜大天后宮裡，莊嚴而神聖的媽祖像。

＝巷弄裡的畫聚散步＝

「城市速寫人」（urban sketchers）是源自於二〇〇七年在美國成立的一個非營利組織，作為速寫同好之間分享彼此作品的平台。在社群媒體蓬勃發展的時代，它漸漸從西雅圖擴散到世界上的其他地方，每個城市紛紛響應，在臉書上成立屬於自己的速寫分會，像是「速寫新加坡」、「速寫檳城」、「速寫曼谷」等等。「速寫台南」也在二〇一四年正式成立。

前陣子我在速寫台南發起了「速寫葉石濤文學地景」系列活動，在半年的時間裡，每個月一次帶大家踩踏葉石濤畫筆下的台南老巷弄，葫蘆巷與抽籤巷就是我規畫的第一站。會想以速寫來介紹葉石濤筆下的文學地景，是因為速寫並不像拍照一樣可以在瞬間記錄下眼前的畫面，而是必須花時間去創造一段屬於自己的回憶。在創作的同時，我們必須全神貫注地沉浸在周遭的環境裡，感受著視覺、聽覺甚至是嗅覺混合在一起的體驗，這是認識一座城市最直接的方式。

三月的台南氣候讓我難以捉摸。原以為好天氣可以一直持續下去，但在活動當天卻下起了傾盆大雨，我撐著傘站在赤崁樓前的集合地點，不斷看著手錶——時間已經到了，卻沒有人來。當我正在煩惱該怎麼辦的時候，忽然有人叫住我：「嗨，蝦哥！」到了此時，參加畫聚的第一個人才終於出現。

後來陸陸續續來了幾個人，我就帶大家先逛逛葫蘆巷與抽籤巷。雨勢漸漸緩和，細細的水從

｜圖 69｜抽籤巷與開基武廟，這是畫聚當天所畫的作品。

天空落下，空氣中的灰塵被一掃而淨，讓平常霧濛濛的街道清新了不少。我們走進祀典武廟旁的葫蘆巷，順著緩坡通過大天后宮廟埕廣場，來到抽籤巷。我邊走邊和大家介紹這一帶的歷史以及和葉石濤文學的關係，最後在開基武廟前的騎樓找到可以躲雨的地方，才散開作畫。

雨斷斷續續地下著，我畫到一半時接到畫友的來電，原來又有一組人來到赤崁樓前的集合地點。匆忙整理完手邊的畫具，我跑過去帶他們來和大家會合。

不過這次我走了不一樣的路線。同樣由葫蘆巷口進入，但從「寶來冬瓜茶舖」旁的轉角彎入一個更小的巷道。這個巷道的入口有座紅磚砌成的隘門，這是清代府城居民設置於城市巷弄中的防禦建築，平日入夜後即行關閉，以確保安全。就功能上來說，隘門除了防止盜賊外，還有防範分類械鬥的功能。

穿過隘門會到一處開闊的小區域，鮮少有遊客走

C.W.Lan
2017.6.23

進這裡，隨著一步步深入巷弄，外界的吵雜聲逐漸遠去。回頭望去，還可以看到大天后宮的紅牆與飛簷。這是一塊相當適合寧靜作畫的地方，後來也真的有畫友回到這裡速寫。

繼續往前走，巷子變得更加狹窄，在巷尾的岔路右轉，會看到一條寬度僅容二人並排通行的巷道，我們就夾在幾乎快要接在一起的牆壁之間的縫隙，魚貫排成一列向前方的出口前行。這個場景讓我想起了威尼斯的小徑。

在窄巷出口，一株盛開的紅色九重葛躍入我們的眼簾，在我的心裡，這個畫面是此次畫聚裡最讓人驚豔的景色。艷紅的花苞一顆顆地垂在頭頂，歡迎著我們的到訪，從樹下仰望，成片的紅撒滿天空，真是美麗極了。

離開窄巷，我們回到了抽籤巷，看到正在開基武廟前面作畫的朋友們。就在此時，下了一整天的雨也停了下來。活動結束後，每個人拿著自己的作品放在一起彼此分享，並拍照留念，為這次速寫台南的畫聚活動寫下難忘的句點。

速寫，讓葫蘆巷與抽籤巷以一種深刻的方式，走入了我們的生活之中。

｜圖 71｜畫聚後，速寫台南畫友們的合影。

【卷三】傀儡卷

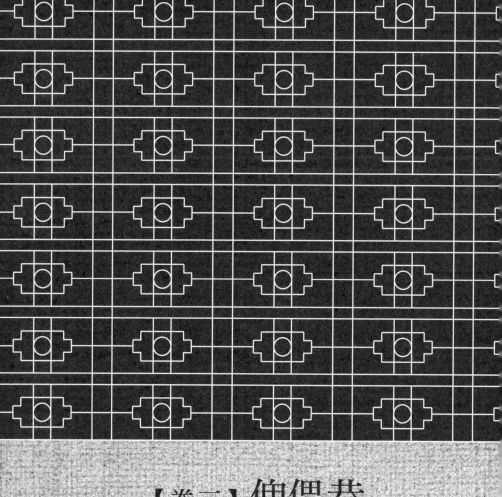

昔日往事

「戰爭末期，位於打銀街的大街老家被殖民地政府拆除以後，我們搬到最靠近的傀儡巷來，在離開阿祥伯不遠的地方租了二樓木造房子居住。」——葉石濤〈傀儡巷與關三姑〉

【昔】宿命的傀儡

從台北返鄉不久的葉石濤除了在寶國民學校擔任助教外，還遇到了一件影響人生的大事。一九四四年夏，充滿著他成長回憶的葉家大厝，在日本政府一紙要求開闢防空空地的命令下，被無情地拆除了。

葉家大厝是葉家遠祖「紅硃舍」在府城發跡後所蓋的宅第，就位在打銀街上，是座三進落的深宅大院，當地人都叫四平境的葉厝。葉氏族人本是頗有田產的大戶人家，不過傳到大房葉石濤父親的時候，只剩下五、六甲左右的看天田，田少收成差，自然也沒法有什麼像樣的田租，此時的葉家大房正處在家道中落的階段。

失去祖厝，葉家人成了名符其實的破落戶，瞬時頓失居所，被迫踏上一段無殼蝸牛般的飄泊之旅。他們先在傀儡巷的萬福庵附近賃居一棟老舊的二層樓木屋，這棟房子很小，每一層只有一間房間，全家人除了必須將就擠在一起外，還得忍受沒有廁所的不便。從原本大宅第的寬裕生活環境淪落到這副田地，對心理的衝擊與苦悶可想而知。

幾十年過去，葉石濤雖然已經離開生長的故鄉，定居高雄舊城（左營），年輕時代府城的巷弄風景依舊深深地印在他的腦海裡，成為文學創作的泉源。在這些眾多的小說中，我發現了一篇名為〈傀儡巷與關三姑〉的短篇作品，裡頭提到當年在傀儡巷生活所發生的故事。

＝導讀：〈傀儡巷與關三姑〉＝

這篇小說是由年老的葉石濤追憶少年時代的老巷弄風景開始的。他在府城東橫西縱的巷弄裡，想起了老家被拆除後暫居的那條傀儡巷。

葉家大厝的旁邊有一條老巷弄，巷子口除了有一間忙碌的中藥行外，還有阿祥伯的店。阿祥伯是操傀儡巷的師傅，從清朝末期到他已傳了三代，代代都以操傀儡戲維生。從前的巷子大多有當地居民叫慣的名字，這裡也因為阿祥伯的關係，而被稱為傀儡巷。

在太平洋戰爭的年代，皇民化運動正如火如荼地進行著，阿祥伯的傀儡戲，也跟著其他被日本政府認為不合時宜的神明一起「升天」了——美其名說是升天，其實指的是被集中焚毀，為的是摧毀漢人的傳統文化，阿祥伯也因此頓失主要的收入來源。

失去營生工具的阿祥伯和原先在店裡幫忙的夥計阿吉哥做起了觀落陰，即「關三姑」這個行業。阿祥伯負責施法，阿吉哥負責打探地府。戰爭結束後，來訪的人依舊絡繹不絕，每個客人的臉上都是一副愁雲慘霧的樣子，大概是那時被日本徵兵去南洋打仗當軍伕的人不少，大家都想知道親人的下落吧！葉石濤的大表哥在日本生死未卜，他的阿母與舅母非常焦急，因此也決定找阿祥伯辦一場關三姑打探消息。

在關三姑的過程中，阿吉哥看到了穿著霜絳學生服的大表哥被烏面人（駐日美軍的黑人士兵）砍殺，慘死在銀杏樹下的畫面。因為葉家人從沒看過黑人，也不願相信大表哥慘死的事實，所以這場關三姑最後在不信與疑惑中草草結束，大家不歡而散。幾個月後，大表哥的朋友從日本帶回了他的骨灰，一切才真相大白，事故的過程竟和關三姑所探到的消息不謀而合。

圖 72 傀儡戲偶（參考江武昌拍攝的照片繪製）。

台南傀儡巷
C.W.Lin
2017.7.9

｜圖 73 ｜現在的傀儡巷。

葉石濤始終對阿祥伯感到虧欠與內疚，他總是搞不懂為何關三姑如此靈驗，這段往事就一直放在他的心裡。葉石濤的思緒又回到了老年：

台南府城的古老巷子也越來越少。所有舊時代美好的事物已大半蕩然無存。但是每當我踏入一條巷子，我就勾起許多回憶來。這些回憶有時是悲劇有時是喜劇，但都是屬於我心靈的一部份。

傀儡巷的關三姑只是葉石濤生命裡的一小塊拼圖，這些印著回憶的拼圖是他與府城老巷弄之間的深刻連結。除了陳年往事，傀儡巷這三個字也讓他聯想到宿命論。他所感嘆的，是葉家大厝被拆後到處搬家，之後離開生長的故鄉這件事？還是自從少年時代立志當作家開始，在往後的歲月裡，怎麼樣也逃脫不了文學的糾纏這件事？

不論如何，命運又何嘗是我們能夠真正控制的？不管怎麼做，我們終究會走到上帝所設定的目的地，葉石濤在最後一段說著：

別了，傀儡巷。這名字取得好，這好比說，我們都是上帝操縱的傀儡，脫不開宿命，不是嗎？

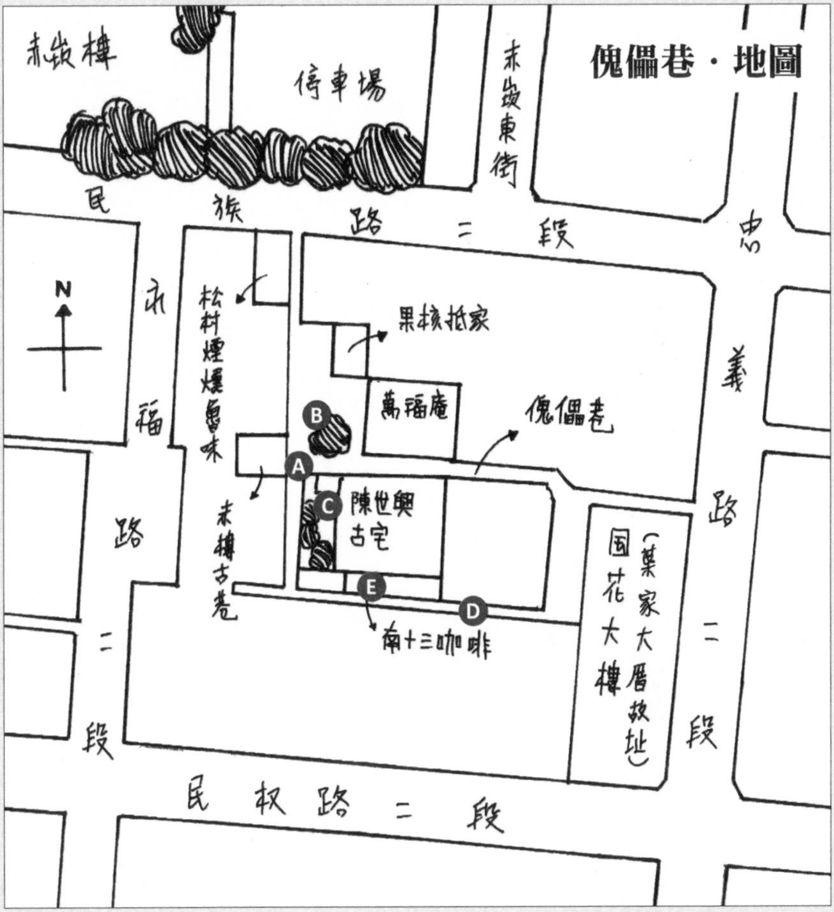

A 圖 73
B 圖 74、圖 75
C 圖 76
D 圖 77、圖 78
E 圖 79

傀儡巷

今日重遊

【巷】傀儡巷

現在已經是早上九點半，我沒有去上班，反正特休很多，向公司請了整天的假，就帶著畫具到街上蹓躂去了。其實我請假的原因，本來是為了要去U公司面試的，但我一直拿不定主意，最後還是在當天早上取消了面試邀約。那陣子我在工作上總是有種無力感，確實也需要排解一下鬱悶的心情，「反正都請假了，就到外面走走吧」！

我走在古稱打銀街的忠義路上，這裡是葉石濤出生與成長的地方。為了躲避馬路上來來往往的汽車與廢氣，我從國花大樓（葉家大厝舊址）旁走入忠義路二段一四七巷。這裡沒有太多值得留意的地方，一直要到巷尾的曲折處，才會看到一條有著古巷格局的窄道，那就是傀儡巷。

即使勉強有古巷的格局，傀儡巷在距葉石濤年輕時代的七十多年後，已經沒了往昔的面貌，只有從一兩棟還沒被拆除的老房子身上，才能找到一點舊時代所留下的痕跡。對於喜歡探訪老巷子的人而言，也就有足夠的線索可以去想像了。

〓萬福庵〓

我來到傀儡巷尾端的岔路，右手邊是一棟雄偉的二層樓大廟，是祭拜齊天大聖孫悟空的「萬福庵」。萬福庵前有一棵造型奇特的大榕樹，因為外形彷彿像是有猴子在爬樹，先民因而祭拜並

｜圖 74｜萬福庵前造型奇特的大榕樹。

｜圖 75 ｜萬福庵前的白色古牆「萬福庵照壁」。

說是齊天大聖顯靈，因此萬福庵便成了間主祀齊天大聖的廟宇。直到今日，仍然有信徒到這裡祈求齊天大聖保佑孩子聽話懂事並平安長大。

萬福庵的前身，是明鄭將領阮駿遺孀所居住的宅邸。阮夫人隨著明朝遺族撤退來台，受到鄭經的禮遇，得以在此興建安居的宅邸度過餘生。長年吃齋唸佛的阮夫人去世後，當地里民將她供奉起來，把故居改作廟宇以茲紀念，稱「阮夫人廟」，直到嘉慶十六年（一八〇六年）才改名為萬福庵。

廟埕前有一道白色古牆「萬福庵照壁」，據說為施琅所建。明鄭滅亡後，阮夫人不滿施琅入住寧靖王府邸，將大門改朝向西方、正對王府方向，打算破壞風水來剋施琅。施琅得知此事，就在阮夫人宅前蓋了一道照壁來阻擋煞氣，這是萬福庵照壁的由來。萬福庵在一九七二年拆毀重建，只有這道照壁被保留下來

當年葉家大厝被拆後，葉家人在傀儡巷暫租的木造

｜圖 76｜陳世興古宅。我根據當時所畫的速寫與拍攝的照片，用新的手法重新表現。

老屋就在萬福庵的旁邊。那時萬福庵還未改建，仍是清朝古剎的模樣。這裡在當時也是府城最隱密寧靜的角落，而且居住在附近的富貴人家不少，大多是高牆圍繞的深宅大院。然而現在仍然被完整保留下來的大宅，只剩位在萬福庵旁邊的「陳世興古宅」了。

＝陳世興古宅＝

陳世興古宅是一間古老而樸實的傳統閩式宅第。屋簷與一旁的小門漆成著優雅的藍色，門楣上寫著「世興」兩字，引起了我的注意。

這棟格局為二進深的古宅至少有兩百六十年的歷史，或許是全台灣目前所存最早的古厝。古宅的先祖陳登昌是泉州人，明朝末年時渡海來台，成為台南陳家一脈的源頭。「陳世興」指的是墾號而非人名，陳氏族人在清代因為投資海埔新生地的開墾，成為府城紳仕之家，其後子孫也屢奪功名，所以對這座祖傳的宅第非常講究，陳世興古宅也因人口繁眾，逐漸擴建成現今的規模。由於近代大家族制度的崩壞，陳氏子孫們陸續分家，搬出這座大院，散落各地另謀他就去了。這樣的歷程和當年葉家大厝的遭遇非常類似。其實，台灣傳統的大家族在幾十年來的社會變遷裡，也都是以同樣的模式衰敗下去。

當年葉石濤面對族人們一個個離去，熱鬧的大宅成了冷清的空殼，有著很深的感慨。就像每個大家族總會有一個核心人物一樣，葉石濤的曾祖母是葉氏族人維持假象團結的核心人物，象徵著過去大戶人家雍容華貴的生活。在她去世前，葉家各房其實已經開始分產，但礙於曾祖母的存在，還不敢明目張膽地拆夥，維持著表面的和平。然而曾祖母一死，維繫各房的脆弱連結斷去後，大家再也沒有任何忌憚，各自分家，每天都有人搬出葉家大厝，直到最後，只剩下一位叔公和葉石濤他們家還守著祖厝。葉石濤在〈府城瑣憶〉裡寫下了這段大家族分崩離析的心情：

> 最後我這偌大的葉厝，只剩一位叔公和我家以外並沒有人居住了。同時我也不常到對面去，因為那兒已變成只有空殼的樓閣，寂靜和幽怨吞噬了它。

比葉家大厝幸運的是，陳世興古宅躲過二戰時拆毀作為防空用地的劫難，也躲過戰後快速現代化的都市更新，最終被保留下來。現在這棟老宅並不對外開放，在寧靜的巷弄裡顯得相當清幽。它的山門雖然沒有門扉，但貼著「私人古厝謝絕參觀」的標語，我只能從門口窺視大宅的庭院以及老房子的大致樣貌。

那天上午，我就站在門口，為這棟古老的房子畫下一幅小巧的速寫作品。上午的時光就這樣結束，我在創作裡找到了心靈的平靜，也決定不要離職了。

＝上帝的傀儡＝

原以為這次的傀儡巷探訪結束後，離職的念頭就會暫時打消。但幾個月後，我卻不得不開始重新思考離職這件事了。

我任職的S公司爆發了數百公斤的黃金被盜、董事長作假帳掩蓋鉅額虧損以及面臨銀行抽銀根的經營危機。董事長在星期五下班後突然發佈公告，草草辭職下台，揭開危機的序幕。那個六日是我有記憶以來所度過最漫長的週末，星期一上班的時候，整個辦公室的人都沒了工作的心思，有的人慌張，也有的人鎮定，但公司隨時會倒閉的感覺總是瀰漫在空氣裡。

沒多久，有同事開始離職，就像樹倒猢猻散的葉家大厝一樣，幾乎每過一段時間都有人要走。

那時我也剛好有一個進入T公司的面試機會，T公司的薪水比現在的職位高很多，但我必須離開台南北上新竹工作，也必須因為更為忙碌的工作而放棄經營了好一陣子的繪畫生活。面對這樣的抉擇，我一直在掙扎，一直到面試的當下我才終於想通。當我推開玻璃門，離開T公司華麗的大廳的時候，反而如釋重負的鬆了一口氣。

最後我還是離職了。幾經波折，我轉到之前臨時取消面試邀約的U公司上班，沒想到繞了一大圈，又回到了原點，我也依舊持續創作，和葉石濤一樣，擺脫不了藝術的糾纏。每當想到這裡，總會覺得我不也是上帝操縱的傀儡？不是嗎？

｜圖 77｜陳世興古宅後的逼仄小巷子，忠義路二段一四七巷一弄。南十三咖啡就在這裡。

【訪】南十三咖啡

會留在我回憶裡的巷子，往往擁有獨特的人文風景，有時候是深厚的歷史沉積，有時候是讓人回味的小店。位在陳世興宅廂房的「南十三咖啡」便是這麼一個讓人難忘的存在。

到U公司任職後的某個七月炎熱的午後，我舉辦寫生傀儡巷的活動，這是「速寫葉石濤文學地景」系列活動的第四站。大家先聽我介紹傀儡巷的故事與歷史，才各自散開作畫。寫生時，我想起曾在《巷弄台南》這本雜誌上看過「南十三咖啡」的介紹，興起了順道拜訪的念頭。

在陳世興古宅的後面有一條比傀儡巷還更逼仄的小巷子，忠義路二段一四七巷一弄。入口處是古宅的白色廂房，南十三咖啡就在裡面。濃濃的咖啡香、輕柔的音樂，穿過藍色的木門散逸了出來，仔細端詳，木門旁卻找不到任何招牌，但我猜這間應該就是我要找的店家。只是站在門口的我卻不敢進去，透過窗戶往內看，像是三五好友圍著大桌子聚在一起聊天，很怕誤入民宅造成尷尬。正在不知所措之際，一對年輕的情侶先進去，我和太太才尾隨在後一同走入。

「你們是一起的嗎？」咖啡店主人問。

「不是不是。」我急忙回答。

「喔，那大家稍微喬一喬，你們找位置擠一下。」

｜圖 78 ｜走入忠義路二段一四七巷一弄，會看到一棟頹圮的老護龍，或許也是陳世興宅的一部份，古老的紅磚牆上放了一個盆栽，盆裡的植物已經枯萎許久。一直走到巷子盡頭，會順著路繞回傀儡巷。

我和太太在桌邊坐下，成為那張大桌子客人們的一份子，這時我整個人才頓時放鬆了起來。主人遞給我們一小杯的咖啡品嚐，然後繼續專心烹煮，圍繞在圓桌的人則彼此交談，或是和主人隨意閒聊。

烹煮完畢，主人再將燒瓶裡的咖啡分給我們，接著從罐子裡舀出新的咖啡粉，裝在鋼杯裡準備下一輪的烹煮。他將咖啡粉遞給我們聞聞味道，一陣濃郁的果香撲鼻而來，我驚訝地道：「這是？」其他的客人聞了之後也同樣驚呼，這時主人慢慢地向我們說明。

「這些混著果香與微酸氣味的咖啡粉，是經過陶鍋緩慢升溫長時間烘焙的肯亞咖啡豆。一般認為肯亞咖啡豆因為種植的土壤中含有高量的磷酸，所以有較強的莓酸調性。坊間使用機器在大火短時間快速烘焙狀況下，通常會出現兩種情形，一種是為了保留較多果香味而採淺烘焙，但容易伴隨尖銳的強酸味，在咖啡溫度回到室溫的時候會尤其明顯；另一種則是為了避免出現尖銳強酸而採較深烘焙，但伴隨的果香味也喪失較多。而我則透過陶鍋緩慢升溫且採二次烘焙的方式，歷經兩天的時間，在果香與酸味間達到完美的平衡。」主人邊解釋邊烹煮著咖啡。

在閒談中，我逐漸了解這間咖啡館的背景。陳世興古宅是店主太太家族的房子，由於這間大宅院早已人去樓空，於是他將側邊廂房租下來整理成咖啡工作室。即使不在大街上，這個靜謐的小天地仍舊吸引不少客人。這裡經營的理念與其說是一間咖啡館，不如說像是一個單純分享生活美好事物的空間。主人在閒聊中還提到他曾在台中「十三咖啡」學習陶鍋烘焙技術，回台南後也因此開設南十三咖啡作為精神分店。當時他在台中十三咖啡的另一位朋友則回到新竹，開了「邊境十三」，同樣有向本店致敬的意味。碰巧，邊境十三就在我的新竹老家附近。

當天圍繞著圖桌的客人形形色色，坐在我們右邊的客人對咖啡頗有研究，是挑嘴的行家；我們遇到的那對年輕情侶中的男孩，恰巧曾在成大美術社向我學過水彩，現在已經畢業搬回台中，趁著週末帶女朋友回到台南散心；後來店裡還進來了一位帶著鴨舌帽的中年大叔，似乎是老顧客，長得很像我的一位日本插畫家朋友山崎達也，邊喝咖啡邊和我們侃侃而談黑膠唱片的美好時光。

離開前，我已經忘了自己到底喝了多少杯咖啡，向咖啡主人詢問價位，他也只酌收一點費用而已。我不禁心想，這樣子到底該如何生活呢？大概交朋友才是他真正的目的吧！

葉石濤曾在〈傀儡巷與關三姑〉的最後一段感嘆著，儘管台南古老的巷子不斷地消失，然而每當他踏入一條巷子，總是會勾起許多年輕時代的回憶，不論是悲劇還是喜劇，都成了他心靈的一部份。這段話在我的心裡起了漣漪。一年前為了找尋心靈的平靜而到傀儡巷寫生，一年後在炎熱的七月與南十三咖啡的邂逅，也都成了我心靈的一部份了。

＊南十三咖啡
地址：台南市中西區民族路二段317巷46號
時間：下午兩點到晚上九點（休週二至四）

｜圖 79｜正在沖泡咖啡的咖啡主人。

【卷四】蝸牛巷

昔日往事

【昔】人生的轉折點

「過了幾年漂泊生涯之後，我底阿母毅然下了決心，賣掉三甲田產來買一間房屋。那時候，耕者有其田條例已付之實現，這三甲田產業是我家僅剩的財產了。售來田地得到的錢，還是不夠買府城任何大街上的一棟房屋。只好退而求其次，在府城如蜘蛛網般交錯的大小巷路裡去找。最後在最繁華的西門町的一條小巷中找到那理想的瓦屋。」——葉石濤〈搬家記〉

＝蝸牛巷故居＝

搬離傀儡巷後，葉家人在府城東搬西遷，直到幾年後賣掉僅剩的田產才湊足了錢，在宮古座

｜圖 80｜容易讓人誤會是葉石濤故居的老房子，真正的葉石濤故居在這棟房子的後面。

戲院（今政大書城）後頭的嶺後街買了棟瓦屋居住，終於有了屬於自己的棲生之所。

這間得來不易的棲身之所共有三個房間，對比於從前居住的大宅，仍然是相當擁擠。這裡唯一讓葉石濤高興的，大概就是房子裡有配備廁所這件事，讓他免去了暫居傀儡巷時沒有廁所的痛苦。不過這個廁所並非現代常見的抽水馬桶，每個星期固定有一天會有人來掏糞。掏糞時臭味四逸，充斥在狹小房間的各個角落，讓他怎麼逃也逃不了。最後，也只能學著習慣接受了。

他將嶺後街稱為蝸牛巷，是對大戶人家落魄到擠在狹小蝸居的嘲諷。這棟小瓦屋被一棟二層樓房舍以及大戶人家的高牆夾了起來，僅留一條可容兩人並肩的入口進出，使得這裡像是一塊被高山圍繞的谷地，陽光透不進來，終日顯得陰陰暗暗的。狹窄的入口甚至讓葉石濤的父親擔心自己百年之後棺材會抬不出去。

在這裡生活並非沒有好處，房子的地點很好，在商業區附近而且鬧中取靜，交通、消費、上班也都十分方便。剛搬入新家時，葉石濤最喜歡穿著木屐在巷子裡蹓躂散步。

我循著網路上的指引，在蝸牛巷找到了一間綠色的木造瓦屋，這棟老房子讓我聯想到了電影《星空》裡的森林小屋，有著一股神祕的氣息。我一直以為這就是葉石濤故居，直到附近「醒醒」咖啡屋的老闆和我解釋才恍然大悟。「你搞錯了啦，葉石濤故居其實在這棟瓦屋的後面，都被遮住了。」

位在綠色木造瓦屋後面的葉石濤故居，只能從一條極窄的入口進去，真的像是被高山所圍繞的谷地。這個入口現在被一扇白色的木門給封住了，只是站在外面的我，光是想像也差不多能理解那樣鬱悶的心情。

＝白色恐怖＝

然而，葉石濤入住蝸牛巷的新居沒多久，就在白色恐怖的肅殺氣氛中被政府逮捕，投入黑獄。這段記憶一直藏在他的心裡，直到解嚴後，他才敢將當年發生的經過大聲說出來。那天晚上葉石濤剛從戲院看完電影《紅菱艷》回到家中，大約深夜十一點鐘時，響起了隱約的敲門聲，這敲門聲像是恐怖的喪鐘，提醒著葉石濤未來悲慘的命運。他故作鎮定地穿上剛脫下來的皮鞋，心情沉重地開了門。

當葉石濤打開門，發現門外站了兩個男子，其中一個畏畏縮縮的男子年約不到二十歲，他認得是學校裡替學生剪頭髮的剃頭匠。另一個男子則是高壯魁武的大漢，手裡拿著手銬，一副凶神惡煞的樣子，當葉石濤看到了手銬的時候，就知道自己劫數難逃了。

在強烈的混亂與無助感下，葉石濤被押上了一台紅色的吉普車，像畜生一樣被迫雙手抱著後腦，蹲在車上不准抬起頭來，被載往位在現今台灣文學館旁的警察局，這年他才二十七歲。在毫無預警的情況下被逮捕，然後就此人間蒸發，是當年屢見不鮮的事情。

經過長期的關押與審問，葉石濤被判「知匪不報」罪，有期徒刑五年。後來因蔣介石為慶祝當選總統頒布了「減刑條例」才提前獲釋。「前政治犯」的標籤使他成了人人避之唯恐不及的瘟神，加上他這個小知識份子沒有一技之長，除了當老師和公務員外沒有其他出入，剛出獄的時候只能做臨時工度日。他在〈吃豬皮的日子〉裡寫著：

人落魄到這個地步也只好任人踐踏。在那荒蕪的五〇年代裡，人能夠僥倖保存一條老命，從那惡魔島回來，也等於是獲得上帝的垂憐，又有什麼不滿可言？糟糕的是我跟世界上任何一個地方的小知識份子一樣，身無一技之長，真是「無用的人」。我之所以淪落到變成一個臨時工友也是理所當然，否則三餐也無以為繼了。

一年後，在妹夫的幫忙下，他僥倖地考上嘉義縣路過國小的臨時教員，才回到了熟悉的教場，儘管仍背負著「前政治犯」的罪名，但至少生活有了轉機。

突如其來的牢獄之災破滅了葉石濤的文學夢，讓他離開熟悉的城市，在寂寞的荒村裡艱苦地過著生活。未來會怎麼樣，他真的不知道。

＝導讀：〈往事如雲〉＝

蝸牛巷源於〈往事如雲〉這篇小說。寫的雖然是一段沒有結局的愛情故事，但實際上卻是葉石濤以愛情為依託，寫下他經歷白色恐怖冤獄，由一個出身地主的小知識份子淪落到成為出賣勞力的臨時工，連僅有的自尊也都蕩然無存的心境轉折。

這段故事是從綿綿的春雨開始的。

辜安順搬到蝸牛巷已經有一段時間了，某日上班的途中巧遇了美麗的姑娘麗美，他被麗美親切平凡而不做作的氣質深深吸引。麗美就租居在辜安順家隔壁、由咕咾石高牆所圍繞的破敗大宅「黃厝」裡。這棟大宅已經成了大雜院，許多到府城來謀生的貧困鄉下人都落腳在這裡。

辜家雖然已經家道中落了，但仍是府城有名的世家，辜安順的身上也沾有小資產階級的氣息；

｜圖 81 ｜蝸牛巷的散步風景。綠色的房子是那棟讓人誤以為是葉石濤故居的老屋。

麗美在父親過世後，必須扛起養活五個弟妹的重擔，她只好放棄小學的學業，當起了出賣肉體的賺食查某仔。兩個人之間有著無形的階級差距。

在巷子裡的日本料理店「若草」，辜安順巧遇了賣身的麗美，和她發生了肉體關係。麗美知道自己配不上家世良好的辜安順，但也不願意辜安順就此沉迷於風月場所，所以她將愛情的種子壓抑了下來。在白色恐怖降臨的五〇年代，辜安順後來因曾參加左傾書籍的讀書會而被補入獄。

三年的獄中生活改變了辜安順的心靈結構，讓他認清了他與麗美之間的距離，他開始明白，麗美和他之間存在著階級的問題。屬於地主階級的辜安順，是騎在那些窮苦大眾頭上的「封建餘孽」，而麗美則是屬於那些幾百年來被剝削與欺凌的社會底層。而現在，經歷了家道中落與白色恐怖冤獄後的辜安順，從地主階級跌落下來，最終也成了那些被壓迫大眾的一份子了。

出獄後，辜安順找不到工作，僅存的田產被政府徵收，淪為赤貧，只能打零工度日，而麗美也早已離開了蝸牛巷。在小說的最後，辜安順經過一番振作，終於考上小學教師的資格，在離開生活了大半輩子的府城到鄉下任教前，他找到已經嫁到米街、和殘疾的丈夫經營著小鞋店的麗美。久別之後的重逢，讓辜安順從她身上真正體會了為生活而奮鬥的人生哲學，解開一直糾結在心頭的結，這時的他才終於做足準備，前往人生的下一個階段。

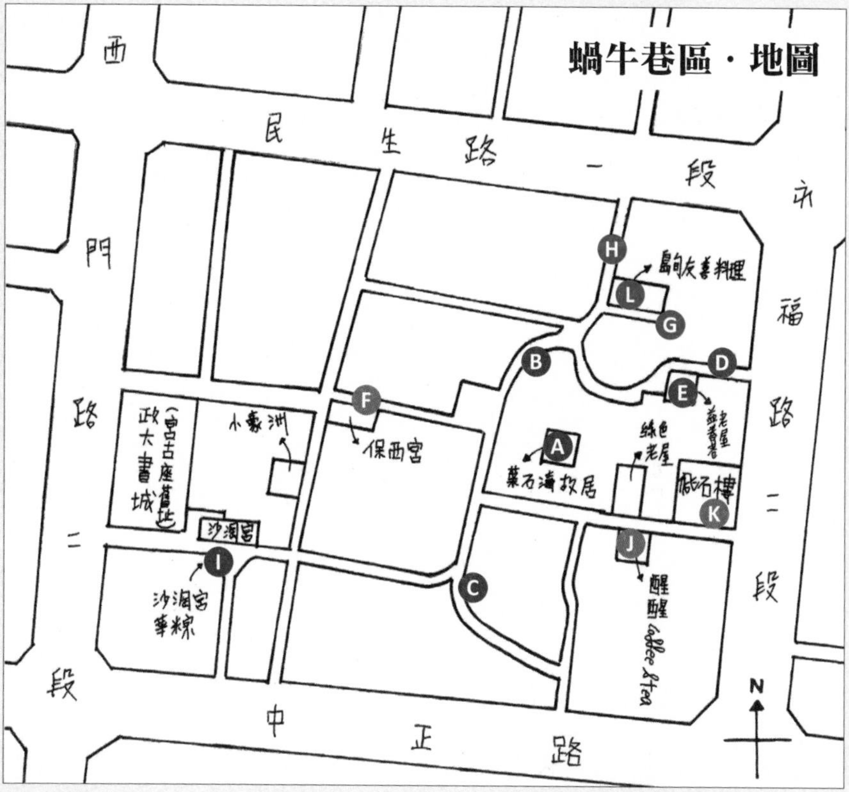

- **A** 圖 80
- **B** 圖 81
- **C** 圖 82、圖 83
- **D** 圖 84
- **E** 圖 85、圖 86、圖 87
- **F** 圖 88
- **G** 圖 89
- **H** 圖 90
- **I** 圖 91、圖 92
- **J** 圖 93、圖 94
- **K** 圖 95
- **L** 圖 98、圖 99、圖 100、圖 101、圖 102

蝸牛巷
南巷
益春巷
大宮巷

今日重遊

【巷】蝸牛巷區

蝸牛巷區由大宮巷、職人巷、益春巷、蝸牛巷、南巷所組成，如葉石濤所說，是個如蜘蛛網般錯綜複雜的地帶。

＝我在蝸牛巷的寫生經驗＝

我第一次在這裡寫生已是好幾年前的事了。

一個三月的午後，我從家中出發，騎車前往過年時散步意外發現的蝸牛巷區。我的工具很輕便，背包裡裝了一張捲進畫筒的水彩紙、一塊自製的折疊畫板、一小盒的顏料與畫筆，還有一小罐的水，一點也看不出來要去寫生的樣子。

｜圖 82 ｜寫生所遇到的母女。

｜圖 83｜當時在蝸牛巷寫生所畫的作品，中間的房子便是那棟盛開著九重葛的老屋。

這天早上的天空陽光普照，但到了下午卻逐漸顯露陰霾，雖然沒有下雨，不過空氣裡的潮濕氣味，一直讓我有股悶悶的感覺。

我從西門路宮古座舊址（今政大書城）旁的巷口走進蝸牛巷區，迅速地穿過小豪洲火鍋前滿滿的人龍來到保西宮。保西宮是一間古廟，它的紅色外牆和一旁的公寓將眼前的去路夾了起來，成了狹窄的峽谷，這裡也因為光線照不進來而顯得陰暗。在巷弄盡頭，人聲逐漸淡去，我的前方出現了一間盛開著九重葛的小屋。

艷紅的九重葛吸引著我，那樣的心情，就像看書時忽然翻到跨頁滿版的照片一樣令人驚嘆，我很快地決定了今天寫生的題材，準備作畫。

開始的時候，這裡除了偶然路過的行人所帶來的腳步聲外，再也沒有別的聲音，安靜的程度，連隔壁阿嬤聊天的內容都能夠聽得一清二楚。只是，一陣突如其來的巨響終結了這樣的氛圍。

｜圖 84｜從永福路走進益春巷的入口，可以看到益春藥房金翁為記的招牌，是我對這裡的第一印象。

女子尖銳的哭鬧撕開了原本凝結的空氣，伴隨著另一陣老太太的嘶吼，從我畫的九重葛小屋傳了出來。焦躁而倔強的哭鬧持續了快兩個小時終告停歇，巷子至此才恢復了原本的寧靜。沒多久小屋的門緩緩打開，一對母女走了出來。母親白髮與黑髮摻雜，看起來大約七十多歲，女子看來精神異常，大概三十多歲。她們是一副窮苦人家的模樣。看到他們出來，我並沒有試著做些什麼，只是繼續畫畫。她們也從我的身邊匆匆走過，沒有理會我的存在。

這個意外的插曲在我的心中激起了反覆的漣漪，看著那時所畫的作品，她們的身影總是會出現在我的眼前。原來許多的事物在美麗的表面下，並不像我們所認為的這麼單純而美好。

我的生活就像是遭遇白色恐怖之前的辜安順，自詡為小資產階級的知識份子，在工作之餘外還能從事創作，過著愜意的日子。同樣的，我與那對母女，就如同辜安順和麗美之間的關係，存在著階級問題。

在我的生命裡，那對母女也就只是日常生活的某一小段風景而已。無憂無慮的我，是無法理解她們的痛苦的。這和辜安順在入獄前無法體會麗美貧困生活的痛苦，是相同的道理。

當我意識到這件事的時候，我才真正看到了葉石濤在蝸牛巷裡的心境轉折。

想到這裡，我有了些感觸，或許常做這樣的反思，才能讓自己成為一個更有溫度的人。

一百八十年後，益春巷

那次的寫生過後一個月，我又回到了這裡。這次走不一樣的路線，從永福路旁的九十七巷進入蝸牛巷區。

九十七巷在清代叫「益春巷」，得名於巷子裡的益春藥房。從巷名就以藥房的名字命名來看，可見益春堂當年的生意興榮，以及中藥房在先民生活中的重要性。

台南眾多的古廟往往成為保留先民活動痕跡的記錄簿，當我在西門路沙陶宮一塊道光十六年（一八三六年）的重修碑記上看到了列在捐獻商號裡的益春藥房時，我感到非常震撼，這表示這間藥房至少開業一百八十年了！

益春巷的入口就在永福國小對面的騎樓旁，它的寬度很窄，大概僅容兩三人寬吧。入口的尾端是益春藥房以「劉海戲金蟾」為圖案，題字「金翁為記」的招牌，這個招牌一直是我的腦海裡對益春巷最深刻的記憶。高中考大學時，國文寫作剛好有一題就是「劉海戲金蟾」，考試結束後，我從報紙上得知曾經有人寫出「去吧！神奇寶貝」這類的名言，每當看到這個招牌，就會想到這件事。

現在的益春藥房已經歇業多年，這間盛極一時的大藥房在一百八十年後退出了繁華的大街，隱身到僅能從古地名感受歷史片段的幽靜巷弄裡去了。

＝益春巷的老房子＝

過了益春巷入口，我來到一個豁然開朗的小天地。一棟有著紅褐色屋瓦與白色外牆的二層樓老屋吸引了我的目光。這棟老屋至少有六十年以上的歷史，或許建於一九五〇年左右，葉石濤年輕時暫居蝸牛巷的那個年代。

第一次來到這裡的時候，天空下著細雨，老房子正在整修，為了記錄眼前的風景，我站在它的屋簷下，躲著逐漸變大的雨勢寫生。那幅作品後來引起了屋主的注意，我才有機會走進屋內一探究竟。

｜圖 85 ｜位在益春巷的六十年老房子。

｜圖 86 ｜老屋一樓的房間（參考老屋主人拍攝的照片繪製）。

｜圖 87 ｜老屋主人全家人的合影。

「當初會想整修這棟老房子，是為了一圓心中醞釀許久的夢想。不過，找老房子也是要看緣份的，從構想到實現其實也花了好幾年的時間。」屋主邊開門邊和我說。

老房子的空間不大，有一個連結前棟客廳與後棟房間的狹窄天井，室內因為引進了戶外自然光的關係，仍然相當明亮。在客廳的大門旁，還有一條陡峭的樓梯通往二樓，是當年為了增加使用面積不得不做出的妥協，在台南許多其它的老屋裡，都可以看到同樣的設計。這棟老房子和葉石濤在蝸牛巷的故居有類似的格局，儘管無法實際到葉石濤故居看看，但身在這棟老屋其中，還是不難體會葉石濤一家六人所感受到的擁擠與窘迫。

現在，在屋主妥善的整理下，這個空間有了新的意義。對到訪的旅人而言，老房子成了與過去連結的橋樑，帶著我們看到舊時代的生活風貌。許多的事情都是這樣，轉換角度思考，總會有不一樣的發現。拜訪的當天，屋主的太太正在整理房子，他的兩個孩子則在一樓玩耍。離開時，我特別為他們拍了張合照。把這一家人生活的模樣給留了下來。

｜圖 88｜蝸牛巷如蜘蛛網般的巷道。

｜圖 89｜南巷散步的風景。左側是島旬友善料理。

═ 沙淘宮的菜粽 ═

益春巷的尾端，是三條巷道的交會點。右轉是南巷，左轉則是蝸牛巷。走入蝸牛巷，會在一塊開闊的小空地看到一棟綠色的木造瓦屋，它不是葉石濤的故居，瓦屋後面的那棟才是，因為太容易被人誤認，所以要再特別澄清一次。

如同台南大多數舊時代殘存至今的小巷子一樣，這裡的巷道並不寬敞，無法通行汽車，自然也就少了視覺噪音的干擾。對偶爾來到這裡的旅人而言，可以暫時遠離塵囂，在窄巷弄裡感受寧靜的氛圍；但對當地的住戶而言，家門前沒有停車位可供停車，火災發生時消防車也進不來，或是老房子太陳舊下雨天會漏水等等，在生

｜圖 90｜南巷裡一整排的老房子。目前幾乎都是閒置的狀態。

活上反而十分不方便。

巷道雖然看似錯綜複雜，但熟悉之後反而不易迷路。由葉石濤故居為起點向前行，在第一個轉角右轉，穿過如隧道般狹長的窄巷，會來到保西宮。若是先往前走一點，然後才在第二個轉角右轉，則會來到沙淘宮。

不管是到保西宮還是沙淘宮，最終都會走到西門路的宮古座舊址。

說到沙淘宮，就不得不提廟埕前的菜粽攤，它是我每次來到蝸牛巷區必定會想起的台南小吃，菜粽一顆三十五元，味噌湯一碗也只要十元，價格非常親民。台南的菜粽餡料簡單，只有花生而已，是古早時代工人們早上做工前吃粗飽的伙食。不過由於花生煮得又熟又爛，配上黏牙的糯米，吃起來異常美味。點了菜粽，我必定會再加點一碗味噌湯，這裡的味噌湯十分濃郁，還會在湯裡加入少許的油條，搭配著喝，口感相當獨特。

沙淘宮菜粽從開業至今經過三代已經有近六十年的歷史。這間店只有在早上五點半到九點的早餐時段營業，顯示菜粽與味噌湯的搭配在台南應該列在早餐的行列裡。關於吃菜粽的經驗，當年住在蝸牛巷的葉石濤在〈吃菜粽〉裡有著生動的描述：

｜圖 91｜沙淘宮前的菜粽攤位。因為只賣早餐，我特別起了個大早才終於吃到。

府城人士喜歡吃精緻點心的；舉凡炒鱔魚、米糕、魚丸湯、碗粿等點心都力求美味可口。早餐往往不是去吃燒餅油條豆漿，而是吃一顆碩大的菜粽和一碗日本豆醬湯打發過去。我每天早晨起床要去上班前，大多放著母親煮的稀飯不吃，跑到巷口裡的攤子去吃菜粽。我家附近既然是鬧區，賣菜粽的攤子特別多。我每天換一家吃，終於發現最好的菜粽攤是離我家是離我家最遠的「下大道」廟前的一個攤子。

沙淘宮菜粽應該也在葉石濤當年的早餐清單裡，只是他覺得下大道的菜粽略勝一籌吧！下大道市集早在道路拓寬中被拆除，那間第一名的菜粽攤也消失無蹤。不過我私心建議・若要回味，來沙淘宮點一顆菜粽和一碗味噌湯一定不會讓人失望的。

＊沙淘宮菜粽
地址：台南市中西區西門路二段116巷
時間：早上五點半到九點（不定期店休）

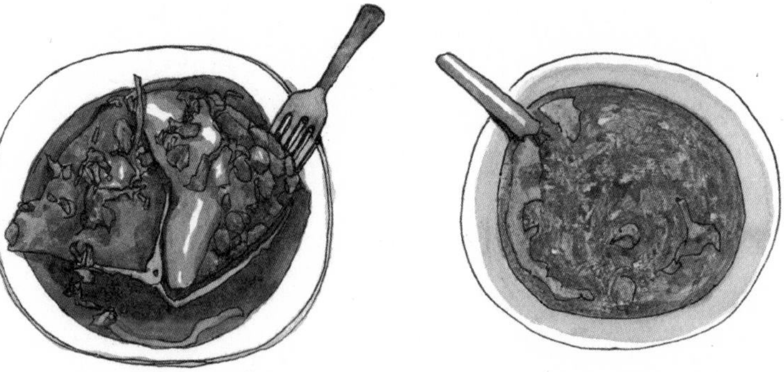

｜圖 92 ｜沙淘宮菜粽的招牌菜粽與味噌湯。

｜圖 93 ｜幾年前大宮巷的景色，這個時候還沒有裝置藝術進駐。

＝醒醒與大宮巷＝

順著大宮巷走，會經過一間咖啡屋兼茶室「醒醒」。這間小店的室內空間不大，只有幾個座位而已，人一多很快就會客滿。老闆娘是本地人，她自豪地和我炫耀：「醒醒可是這附近的巷區最早開的一間咖啡屋！」

醒醒所在的老屋建於一九六三年，從天花板的灰泥線角、磨石子地板、有著檜木香氣的窗框，都可以看見這棟房子沉澱了半個世紀的生活脈絡。搭配著健談的老闆娘，很適合讓人待上一個下午。除了咖啡、冷泡茶之外，熱情的老闆娘便是這間店最大的特色了，話匣子一開，很容易和客人們打成一片。這裡實在是個能讓人感受到台南濃濃人情味的地方。

我習慣點一杯「青霞」大禹嶺冷泡茶，然後和老闆娘東南西北隨意亂聊，除了消磨時光外，還可以獲得許多關於蝸牛巷區的情報，像是葉石濤故居真正的位置、蝸牛巷區近年來社區再造計畫與裝置藝術興起的始末等等，都是從這裡探聽而來。

醒醒的對面有間漂亮的綠色老厝，以前我剛來到這條巷子時，老厝還是荒廢的狀態，由於近年來社區再造計畫的關係，房子已經過整修，並且由藝術家進駐作為工作室。可惜整修得有點過頭了，反而破壞了原本樸實的外觀。

過了醒醒與綠色老厝，再往前走會回到永福路，永福國小就出現在眼前。大宮巷與永福路交會的路口有一棟九層樓高的大廈，大廈的一樓是平凡的花旗銀行，但搭上電梯來到八樓，卻會進入一個讓人意想不到的空間——飛石樓。

＊醒醒
地址：台南市中西區永福路二段81巷11號
時間：中午十二點至晚上七點（休週一、二）

｜圖 94｜午後，漫步在大宮巷的風景。

｜圖 95 ｜受 Patric 之託所畫的飛石樓，現在這幅畫就掛在店裡。

＝飛石樓・席德進＝

「好幾年前這裡曾是才藝補習班，因為少子化的緣故，永福國小的學生少了，補習班也搬到了東區，這個空間因此閒置下來，並轉到了我的手中。一開始我也不清楚要拿來做些什麼，後來在因緣巧合之下，我才將這裡重作規劃，整理成結合咖啡、藝術展覽、音樂活動與品酒的複合空間。」店主人 Patrick 說。

店主人 Patrick 是一個溫文儒雅的型男，從事藝術品經紀工作，幾年前來台南定居，並在二〇一七年籌設了飛石樓。這間店其實很低調，不太引人注意，我會來到這裡也是因為 Patrick 邀我為這個空間創作一幅作品的緣故。第一次到訪，Partick 就熱情地帶我參觀。除了飲食空間外，飛石樓還有可以舉辦音樂會的寬廣展廳，那天正展覽著一系列 Patrick 私人收藏的「郎靜山」攝影作品，這是我首次親眼從真實的相片紙上看到那些優雅得像是山水畫的照片。店裡的擺設大多是 Patrick 的私人收藏，顯示了收藏家獨特的藝術品味，搭配的音樂也選得巧妙，帶領我的思緒走入這個位在商辦大樓的異想世界。

交稿前，我又回到了飛石樓。除了重新取景外，也順便和 Patrick 聊聊，想更深入地了解這個地方。我問起了門口的橫匾「飛石樓」，這是台灣現代重要畫家席德進的落筆，也是我和這間店最深刻的交會點。提到了這塊橫匾，Patrick 和我說起了席德進與飛來石的故事。

席德進（一九二三至一九八一）生於四川，幼時身體並不好，他的父親依照家鄉習俗帶他認大佛寺後山的飛來石做乾爹，以庇佑孩子健康成人。因為國共內戰的關係，年輕的席德進輾轉來到了台灣，在他晚年時，兩岸還未三通，無法回家的他將畫室命名為飛石樓，藉此抒發思鄉的心情。一九八〇年，在病榻中，生命快走到盡頭的席德進仍然惦記著離開了三十多年的故里，他寫著：「我的朋友，假如你們活得比我更長久，可以等到有那麼一天可以回到大陸，請求你們為我去拜訪一次我生長的地方，告訴那兒的人，你們曾有一位朋友是從這兒來的，離開家太久了，生命也消逝了，只好帶一個口信給家鄉。」隔年，他去世了。

席德進身後，當初為畫室所題的飛石樓橫匾輾轉流到了 Patrick 的手中。Patrick 和我說，在籌備這個複合空間的過程中，他總是遇到了難以形容的巧合，像是全宇宙都聯合起來，幫助他完成這個空間。像是巷子的大小和位置剛剛好可以讓吊車進入，將又大又重的原木長桌吊運到八樓室內；師傅施作的大廳牆柱之間的距離，又是這麼剛剛好一公分不差、完美吻合飛石樓橫幅的寬度……這些冥冥之中的巧合，讓 Patrick 想到了席德進的乾爹飛來石，這個天外飛來的奇石即使經歷了汶川大地震仍然屹立不搖，充滿了神奇與不可思議，呼應著籌備空間時所遇到的巧合。於是席德進親題的這塊堂號「飛石樓」成了這個空間的名字。或許，也成了席德進生命的另一種延續。

Patrick 還提到，席德進在七〇年代常造訪台南，永福路二段與民生路口的信安堂在過去曾是席德進與友人下棋、聊天、品畫的生活圈。書法家朱玖瑩等文人，都曾與席德進在信安堂這個街頭轉角處相聚，他常向朱玖瑩借字帖臨摹習字，以磨練筆法。巧妙的是，信安堂就座落在飛石樓不遠處，彷彿飛石樓在誕生之初，就和席德進結下了不解的緣分。

在飛石樓與席德進重逢，帶我回到十年前剛接觸繪畫的大學時代。那個時候，我的生活很簡單，白天上課，晚上讀書，回家練畫。我喜歡在學校的圖書館讀書，因為這裡是能夠讓人靜下心來的地方，不過我總是刻意走到六樓放滿畫冊與藝術家傳記的書架旁，找一個位置坐

｜圖 96｜席德進的水彩作品。

＊飛石樓

地址：台南市中西區永福路二段 83 號 8 樓

時間：早上十一點到晚上七點（休週三、四）

下來。讀累了，只要轉個身，我就能馬上投入另一個世界。我看了很多台灣畫家的傳記，唯獨席德進一直讓我忘不了。除了他與眾不同、充滿個性的風格外，最衝擊我的，是傳記裡的一張照片。

那是一張目光湛然有神的席德進繫著膽汁瓶，在戶外寫生的畫面。書上說，當時席德進已經患上惡性胰臟癌，身上接了導管，他必須一邊畫著畫，一邊提著膽汁瓶，然後再把從身體引流出來的苦澀膽汁喝回去。他知道自己的生命正在消逝，在過世前，每天開著小車帶著膽汁瓶，踏遍台灣山林，決心趁著自己還能畫的時候，多畫幾張圖。席德進在〈病後雜記〉裡寫著：「每天我身體裡由膠管流出八百 CC 的膽汁，大部份我忍著苦喝回去，一部份我傾倒在馬桶裡，幸好它不是鮮血。我身體中流出的苦泉，一直不斷，我的生命也隨著苦水而傾洩，我稍稍的瘦下去了。」

這張照片，讓當時的我看到了一位大畫家如何在生命快要走到盡頭的時候，充滿熱情地活著，這便是我所認識的席德進。我也想不到十年後，會在台南的巷弄裡，重新回憶起當時看到這張照片的心情。

三個星期後，我完成了為飛石樓所繪的作品。對我來說，它的意義並不僅止於交差了事，每一個筆觸裡都有著我對席德進精神的追憶。最後，我將飛石樓補寫進了這本書裡，因為在我的心裡，若少了飛石樓，蝸牛巷也不會是完整的了。

＝蝸牛巷區的變化＝

蝸牛巷的樣貌，從二〇一六年起開始有了相當大的改變。舉例來說，許多不起眼的角落冒出不少形態各異的木造蝸牛，有的背著太陽能街燈，有的只有彩繪的蝸殼，有的在矮牆上，有著則是在磚牆的縫隙裡。葉石濤故居前的廣場多了屏風般的裝置藝術，有綠色的彩繪與葉石濤小說的段落。荒廢許久的老房子也開始進行改建，探訪的散客更是多了起來，人人都在搶著和蝸牛以及裝置藝術拍照。

和醒醒老闆聊到蝸牛巷區的轉變，才知道這是一個政府的社區再造計畫。我覺得計畫所呈現的氛圍遠遠地偏離了葉石濤當初寫〈往事如雲〉的感受。那是一種經歷搬家的無奈與冤獄的痛苦，到最終接受命運的心境轉折。

當然，這只是我的個人意見，新的改變是好是壞，見仁見智，沒有一定的對錯。畢竟這個計畫為這塊老巷區注入年輕的活力，也讓更多人知道台南有這麼一條值得探訪的小地方，我該感到高興才對。

｜圖 97 ｜小蝸牛裝置藝術。

【訪】土地的味道：島旬友善料理

這裡不僅僅只是一間提供有機食物的餐廳，反而像是個有著戰鬥般熱情的革命基地，賣力宣傳著尊重土地與生命的生活哲學。

穿過益春巷來到南巷，我在路口交處發現一間日式風格的老屋餐廳「島旬友善料理」。因為島旬是蝸牛巷區裡醒目的日式風格建築，讓我不由自主地想到了葉石濤小說〈往事如雲〉裡，辜安順曾光顧過的日本料理店「若草」。

島旬由灰色的水泥牆與橘色的日式木造結構拼貼而成，有個小巧的中庭，以及一塊大概一到兩坪大的菜園，菜園裡種植紫蘇、刺莧、南非葉等作為料理食材的作物。由和室往外看，可以觀賞這塊小菜園所形成的簡單風景。

這間老屋的年紀不輕，雖然經過活化，仍然保有舊時代的風貌，不會因為過度整修而無法融入周遭的環境。餐廳外牆上懸掛的標語「友善料理」和「我們支持非基改」吸引著我的目光，這是我對島旬的最初印象。

｜圖 98 ｜島旬友善料理的正面。

＝島旬的理念＝

老闆謝禮光和我同樣是七年級生，大學讀的是和餐飲毫無關係的電機系。他畢業後放下工程師這條安穩就業的選擇，走出一條屬於自己的人生道路，這條餐飲之路源於禮光在大四時讀到的一本書——《不生病的生活》。這本書讓他開始對吃下去的食物來源產生疑問，這個疑問在心中不斷發酵，促使他退伍後決定投入餐飲業，身體力行地了解餐廳的經營與處理食材的手法。經過了八年的摸索，他最後決定在南巷開一間讓客人可以放心吃飯的餐廳。

為了更了解食材的生產過程，禮光在開店前曾到苗栗銅鑼的自然農場勞動，從協助耕種的過程了解什麼叫有機種植，藉此累積許多寶貴的經驗，也對食材也有了更深刻的體悟。某次閒聊，他和我分享如何分辨水稻是否施用化肥的方法：「使用化肥的水稻，葉子會呈現很鮮豔的綠色，而使用有機肥料的水稻，葉子比較沒這麼綠。通常可以用色卡判斷，但還是需要實際在田裡待過，才能真的分辨出來。」

禮光投身理想的使命感讓我想起致力於台灣文學、以小說記錄社會底層人民困苦生活的葉石濤。他們同樣拿起手邊僅有的工具，為台灣這塊土地奮鬥。

在文學裡，葉石濤描繪了五〇年代的社會百態，還原那些被遺忘的古早記憶，進而喚起人們對鄉土的熱愛；從禮光的身上，我則看到他藉由島旬的料理，傳達著尊重土地與生命的生活哲學，從好好吃飯開始，重建人們與自然的連結。

＝島旬的堅持＝

「我們店裡沒有固定的菜單，主要看今天買得到什麼食材，就做什麼料理。」禮光一邊忙著整備食材，一邊和我解釋。因為無菜單，才能最大限度地利用當季盛產的自然食材烹調料理。店裡只有蔬食套餐，若想點些肉類，則有魚肉與雞肉單點可供選擇。

我曾問禮光套餐的內容是怎麼構想的，他說：「其實也沒有特別參考的料理，只要了解食材，

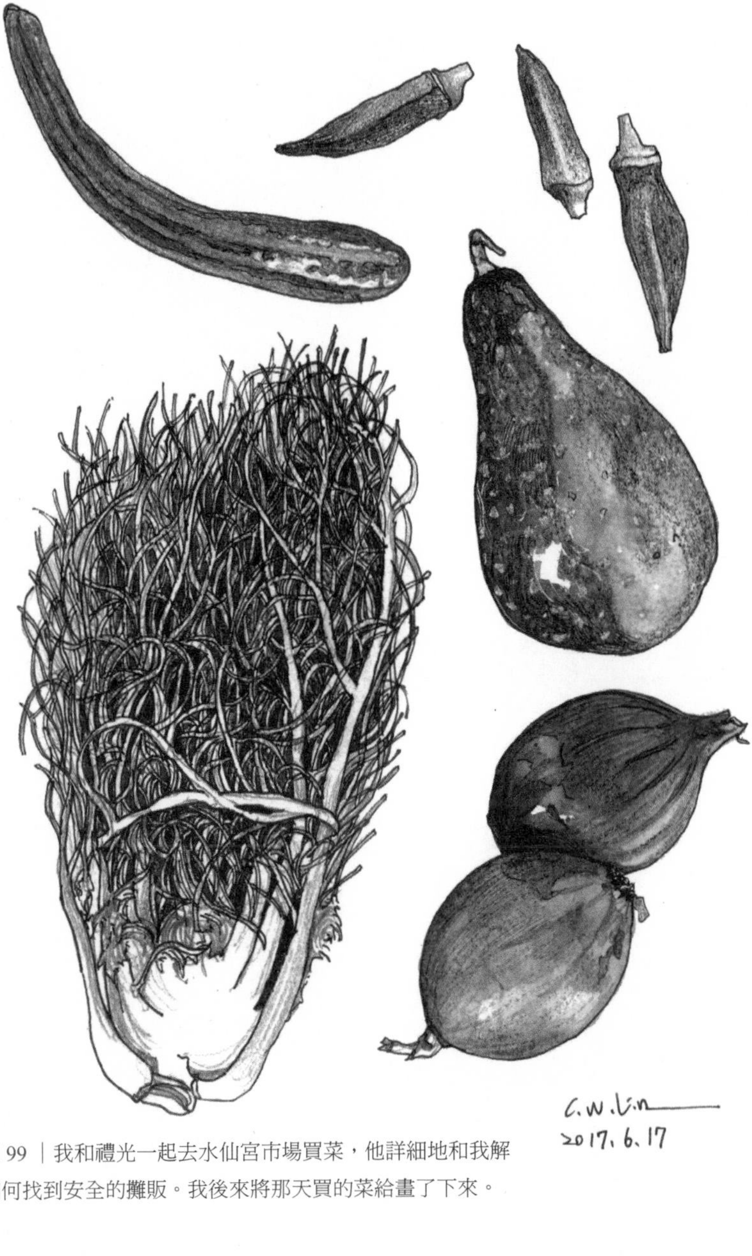

｜圖 99｜我和禮光一起去水仙宮市場買菜，他詳細地和我解釋如何找到安全的攤販。我後來將那天買的菜給畫了下來。

｜圖100｜島旬的料理擺盤有一種簡樸的藝術味。

＊島旬友善料理

地址：台南市中西區民生路一段157巷11號

時間：上午十一點半至下午兩點，下午五點半至九點（休週二）

電話：0906-555183

就會知道它們之間該如何搭配了。」拿七月拜訪當天中午的料理來說，我點了烤飯糰定食套餐，以酵素籮蔔烤飯糰為主食、搭配將新鮮蔬食做為基底的可樂餅、味道濃郁的高湯煎蛋捲、爽口的有機生菜沙拉，以及混著切丁酒杯菇的野菜味噌湯。這些食材沒有過度的烹調，以原味或是巧妙的組合呈現。此外，料理的色彩也很豐富，禮光會根據食材的味道，選擇可以襯托風味的瓷器搭配，在擺盤的美感上顯得相當精緻。

為了確保食材真的友善、無毒，禮光認為光是靠政府的有機認證是不夠的。很多細節都在法律定義的模糊地帶，就算有認證標章也無法完全信賴。最保險的方法還是認識每一位合作的小農，從他們的為人以及農場裡的草相、蟲相等細節，挖掘出食材源頭的真實面貌，因為「土地是騙不了人的」。在水仙宮的市場裡，禮光帶著我一個攤販一個攤販地採買。從打藥過度的蛋雞、不誠實的菜商，到值得信賴的小農……形形色色，即使是在傳統市場，也無法讓人完全買得安心。關於這點，因為勤做功課的關係，禮光總是有辦法找到那些真正販售好食材的店家。

除了蔬食料理之外，島旬在肉類的選用上也遵循友善的理念。魚肉會挑選使用海釣或是延線補釣的船家，雖然漁獲少、單價貴，但至少可以減少濫捕；雞肉則選用平常生活空間充足的放山雞，這些雞肉少了頻繁打藥所累積的毒素，也少了在高密度圈養的環境中，因為大量生產所造成的環境負荷與動物的痛苦。

提到這點，禮光認真地說：「我未來的目標是往全蔬食的料理邁進。」

｜圖 101｜週日早晨的島旬速寫，大家忙碌地準備著中午的料理。

＝島旬的日常＝

島旬的日常緊湊而忙碌。來這邊用餐幾次後，我和禮光約了某個週末的上午到店裡寫生。我大概十點左右到，不過島旬的工作夥伴早就開始在店裡準備了。不久，禮光和他的未婚妻帶著採買的食材回來，幫我開了門。我選在餐廳的角落作畫，盡量不打擾到大家，也順便觀察店裡的作業。

因為客人十一點半就會進來，必須儘速處理早上採買的食材，大家忙進忙出地備料，一刻也停不下來。禮光小心翼翼地處理著雞肉，另一個工作夥伴俐落地將魚切開，插好竹籤，架在小院子裡曬乾脫水，禮光的未婚妻則專注秤量著待會兒要用到的味噌。忙完了一件事之後，總會有另一件事要做，我也把握時間，盡快完成速寫的記錄。忙碌的時刻一直要到客人走進店裡開始上菜，才終於告一段落。

｜圖 102｜正在專心切雞肉的禮光。

在島甸的早晨時光讓我想起從前當兵到伙房幫忙的那段日子。早上清晨搭上軍卡到另一個山頭的軍市場採買，回營後就開始備料和整理食材，一直要到中午開飯後才能休息，現在回想起來，有點懷念那樣忙碌而單純的生活。

一個星期後，我又回到了島甸。剛好那天比較早休店，才能和他好好聊聊。離開前我問他對於這條巷弄的看法，他說：「我比較喜歡剛開店時，巷弄裡沒有太多遊客的寧靜感，現在人潮來了，反而變得有點太吵了。」

閒聊結束，我踏著夜色離開了島甸，微弱的街燈灑弄在夜幕降臨的巷弄裡，顯得幽靜。儘管已經結束營業，禮光和工作的夥伴們仍在店裡認真地開著檢討會，討論新的菜單，他的工作還沒告一段落呢！

【卷五】大菜市

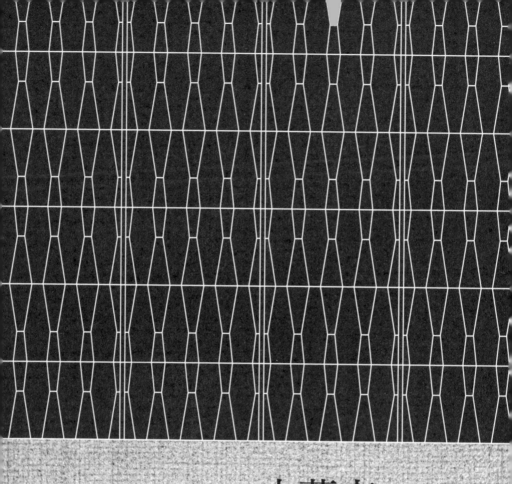

昔日往事

【昔】重拾寫作

「整個五〇年代到六〇年代末期，我的文學生命似乎已經結束。我被社會所遺棄、上帝所摒棄，經常住在一片廣大的甘蔗田所圍鐃的農舍裡靠酒精爐燒飯煮菜，晚上點油燈，邊喝太白酒，邊讀報紙副刊以打發漫漫長夜，這樣度過了被人踐踏、爬在泥土上的苦日子。」——葉石濤〈沉痛的告白〉

＝遺落的歲月＝

一九四五年二戰結束，從日本陸軍退伍的葉石濤回到立人國小任教。戰後初期，深受日本教育的台灣作家們仍然可以在各類刊物中的日文欄發表作品，暢所欲言，各式各樣的觀點夾雜著熱烈的討論，呈現百家爭鳴的情況。而回歸中國，擺脫殖民地的喜悅讓人們以歡欣鼓舞的態度，盼望著光明的未來。

年輕的葉石濤也在日文欄中發表了多篇小說作品，積極地在文壇裡發聲，像是〈三月的媽祖〉、〈天上聖母祭〉便是當年的代表作。雖然尚能以日文發表作品，但葉石濤以至那時的知識分子們都面臨著語言轉換的壓力，日文在未來是不能夠再用了，今後只能以白話文進行創作。一九四六年十月，在陳儀政府的一聲令下，日文欄被廢止，葉石濤因中文基礎還不夠好，被迫「失語」，只好暫時輟筆，開始努力學習白話文。

為了學好中文寫作，葉石濤向一位名叫辛添財的書商，購買了許多毛澤東的著作以及社會主義相關的書籍雜誌，也結交時任農校校長的南二中學長陳福星，甚至還和幾位文學同好開了一兩次討論社會主義書籍的讀書會。他沒想到，當時的學習熱情竟在好幾年後為他帶來改變一生的牢獄之災。原來，辛添財與陳福星都是台共幹部，辛添財被捕刑求後，供出了葉石濤的名字，以致他遭牽連入獄。

出獄後，葉石濤輾轉考上嘉義縣路過村的路過國小的臨時教員，開啟了在寂寞荒村的教師生涯。嘉義縣八掌溪旁的「路過村」是一個土地貧瘠的地方，喝的地下水鹹鹹的，砷含量很高，是個烏腳病猖獗的地帶；村民的生活也很清苦，只能三餐靠蕃薯簽度日，也沒有任何餐廳，要吃飽

｜圖 103 ｜現在的大菜市（淺草鬧市）一景。

飯，除了自炊外別無他法。此外，為了防備「保密局」特務不定期的思想檢查，葉石濤不敢閱讀台灣文學作品。在這裡，他看不到一絲的光明，有的只是頹喪與灰心。

艱辛的環境、思想的箝制，種種現實的壓力如潮水般襲來，消磨著他的意志，少年時的文學生涯似乎成了一場遙遠的夢境，他再也無法動筆寫作了。

重燃文學之魂

一九六五年，距二戰結束已經過了二十年。四十歲的葉石濤也完成結婚生子的人生階段，並且離開了路過村，轉到台南縣仁德鄉「保安村」的文賢國小任教，微薄的薪水仍舊讓他困陷於生活的壓力。

不過，這一年卻帶給他生命的另一項轉折。他在當時台南最熱鬧的「淺草鬧市」的書攤翻到了一本薄博的小冊子《台灣文藝》，這本不起眼的雜誌重新點燃了葉石濤創作的熱情。他在〈沉痛的告白〉一文裡寫著：

｜圖 104 ｜中年的葉石濤。

儘管我似乎什麼都放棄了，什麼都不再有眷念，其實生命的意志還是很強韌的。不像我想像那樣，我肚子裡的文學之蟲沒那麼容易死去。度過了十多年難挨的、被人遺棄的、孤獨的日子以後，我逐漸又升起了寫些什麼的念頭出來，這好比是一座休火山因地殼的變動重新噴火起來一樣。

就是這本其貌不揚的小冊子，讓葉石濤發現，儘管許多日治時期認識的作家朋友們因為無法克服語言轉換的社會巨變而被打倒了，但《亞細亞的孤兒》的作者，前輩吳濁流先生，還在為文學的事業努力奮鬥著。他也看到了台灣文學在戰後二十年的歲月裡，在反共文學的氛圍下，其實是有進展的，新一代的年輕作家們仍舊掙脫了重重枷鎖，活躍在文壇上。

對和文壇脫節已久的葉石濤來說，《台灣文藝》所造成的衝擊無疑是十分巨大的，也激起了他創作的熱情。這時，他想起了從前對老師西川滿所立下的誓言，要寫到瞑目為止。不過，此時的他已不再是年少時那個浪漫的青年，而是一個飽經風霜的中年人了。

葉石濤再度拿起筆，重拾寫作，準備找回遺忘許久的文學夢。這又是另一段漫長的旅程。

今日重遊

【市】大菜市

＝歷史與繁華＝

建於一九〇五年的西市場，是日治時期南台灣最大的新式市場。那個時候，西市場內共有數十個販賣著各種雜貨與新鮮貨品的攤位，因此在老台南人的口中慣稱為「大菜市」。後來為了促進商業的繁榮，政府又在大菜市外的噴水池周遭建造了四十一間販售日常用品的店舖，稱為「淺草商場」，作為大菜市的延伸，構成了當年台南市最熱鬧的商業中心，也就是葉石濤所說的淺草鬧市。

｜圖 105｜大菜市舊建築物與右邊的通道。一般由左側的大門走入會是荒廢的景象，要到熱鬧的區域必須走右側通道。

這樣的榮景一直持續到戰後的好一段時間，五〇至八〇年代是這裡最繁榮的巔峰期，周遭蓬勃發展的電影院更帶來大量人潮。在全盛時期，這裡有近百個攤位，比日治時期還要多，而販售的品項更是五花八門，從蔬果、魚貨、布匹、雜貨、熟食到日用品都有，來來往往的行人擠滿了狹小的走道，夾雜著攤商奮力的叫賣聲，構成了一副生機蓬勃的景象，也成了許多中老年台南人的共同回憶。

拿結婚來說，幾十年前的新人沒有新娘祕書幫忙打理、也沒有包套的婚紗公司，所有關卡都要自己跑過一遍。大家第一個會想到的，是大菜市裡的「天水聯彩店」或是「五泰聯彩店」，帶路雞、棉被、喜幛、聯彩、金字等等可以一次買齊。若還需要製作新的衣服，就會到大菜市另一側的布莊採購各類布料，或是到西服店裡訂做合身的西裝。逛累了，還可以到「阿瑞意麵」吃碗餛飩麵，然後到一旁的日本舶來品店看看有什麼新奇的玩意兒。如果有時間，更可以走到附近的電影院買票看場電影。總而言之，和現在的購物商場相當類似，只是少了光鮮亮麗的專櫃，多了比鄰而居的傳統商舖。

當年的葉石濤每到週末就常騎一個多小時的腳踏車，由保安村返回蝸牛巷老家探望父母，每次回台南他也不免到書攤逛逛，即使沒錢買書也可以過過乾癮。從荒蕪的村落回到熱鬧的城市，想會到大菜市閒逛，大概是因為這裡是能夠讓他感受到文明世界的地方吧！

＝沒落與再出發＝

大菜市在八〇年代達到鼎盛後，迅速地褪去了光輝。電視機興起造成電影院的倒閉潮，如雨後春筍般出現的便利超商、大型量販店或是百貨公司，讓這裡不再是購物天堂，反而像是被時代的巨輪狠拋在後的過氣藝人。對比乾淨整潔的新式商店，大菜市的年久失修與破舊不堪，讓新、舊之間的對比更加明顯。

九〇年代的海安路地下街工程是壓垮駱駝的最後一根稻草，嚴重地阻斷了人群，大菜市也就下台一鞠躬地走下了舞台。葉石濤當年常去的書攤已經不在，人潮退去後，這裡成了個會吸光一切的黑洞，只剩下蒸發在空氣中的腐敗氣味。

大菜市和葉石濤一樣，被迫出場了十幾年。雖然二〇〇七年市政府在原本「淺草商場」舊址的空地上重建了「淺草青春新天地」商場，但因規劃不良，仍舊無法帶動人潮。

我第一次走進這裡是二〇一一年的時候，那年我剛南下工

｜圖 106｜（上）大菜市布莊。
｜圖 107｜（左下）在淺草新天地廣場擺攤的少女。
｜圖 108｜（右下）國華街側攤販區。

作。某天下午我規劃了中西區的散步之旅，在這座對當時的我來說還很陌生的城市裡走走逛逛。在其中一段路，我由西門路的入口走進沒落許久的大菜市，靠近西門路這一側的布莊儘管客人不多，但店家仍然一如往常的營業著。如果走得更深入些，會來到幾乎是一片漆黑的區域，緊閉的鐵門，亂七八糟的雜物，一副人去樓空的景象。

再往內走，來到國華街那一側的攤販區，才能看到有些店還零星地開著，不過也沒什麼客人。除了「純薏仁」是新開的文青商店外，其餘的都是些燈光昏暗的老店家。這是我對大菜市最早的記憶。

幾年後再步入這裡，我卻感受到大菜市的明顯變化，最直接的，是多了許多新的店家與逛街的散客。重新出發的力道，尤其以在國華街側的攤販區與淺草青春新天地的廣場更為明顯。主要的原因，來自於鄰近的正興街觀光潮興起的緣故。

在國華街側的攤販區裡，年輕的、中年的、老年的店家彼此相處融洽地互存著，沒有過度的裝潢，只有順勢而為的懷舊美感。十多年前人人所嫌惡的元素，像是落伍的招牌、陳舊的空間等，經過一番努力後反而成為無可取代的特色。另外，在淺草青春新天地的廣場上，也展開了年輕人的週末創意市集，各種小物、服飾都有，十分熱絡。

重遊當年葉石濤所逛的大菜市，這個人來人往的鬧市也和葉石濤的文學之路一樣，經歷了繁華、沒落到再出發的旅程。在熬過十多年蟄伏的黑暗歲月之後，這座老市場正努力回到從前繁榮的樣貌。

新玫瑰
台南西市場
2015.5.14

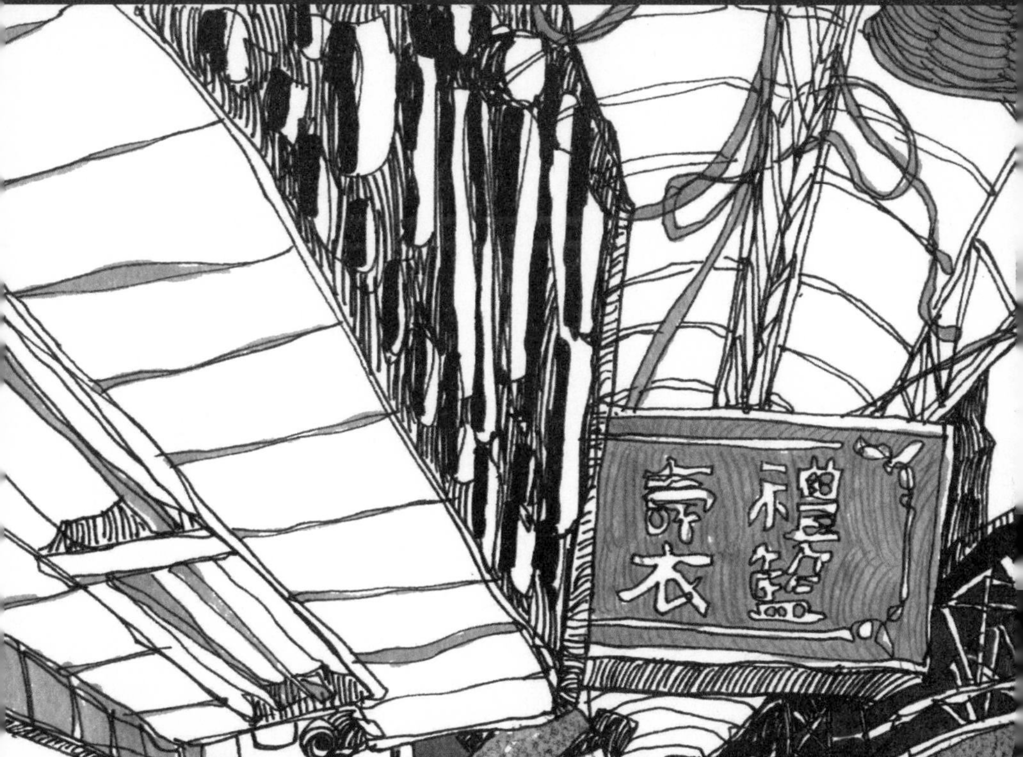

＝誠舖・大菜市人物誌＝

日治時期所蓋的大菜市是棟L形的建築，建築物的兩側有著寬廣的廣場與噴水池。商業的繁榮使廣場不斷有攤商進駐，攤商們搭起了臨時性的鐵棚，而隨著時間的推移，這些臨時性的建築不斷地改建、強化，最後廣場變成了室內空間，成為大菜市的主要組成部分之一。

現今的大菜市是由日治時期的市場主體建築、從舊廣場改建的兩個區塊（布莊和國華街側攤商）、以及淺草青春新天地市集，所形成的商業區。

近年來大菜市復甦的跡象，並未擴展到日治時期的主體建築，這裡依舊是一片破敗灰暗的景象。為了重整古蹟，政府單位擬定計畫打算回復日治時期的市場樣貌。在計畫裡，已經相當熱鬧的國華街側攤區將闢為廣場，在這裡生根的店家因為沒有產權，只能戰戰兢兢地作好隨時遷移的準備。其實，拆遷攤販區也非新鮮事，早在十幾年前市政府就已經有這個打算，只是礙於經費不足沒有實行。

二〇一六年，我為了收集創作的素材，常到大菜市閒逛。我畫了一張「金連發五金行」的老闆娘歐媽媽的速寫，並分享到網路上。幾天後，攤販區的「誠舖」老闆楞子聯絡了我。

「您好，我是大菜市的店家誠舖，最近因為政府要修復大菜市的香蕉倉庫古蹟，規劃將攤販區拆掉，我們這邊的店家想集合起來用正面的方式表達存在的意義，正巧看到您有畫我們市場裡

｜圖 110 ｜金連發五金行的歐媽媽，靜靜地守護著老店，數十年如一日。我後來將當初畫的速寫改繪成水彩作品，並投稿參賽。這張作品也順利地入選了世界水彩大賽。

的歐媽媽，不知道能否跟您見個面，看有沒有可能想出什麼有趣的點子呢？」

恰好那時我正好有一個採訪大菜市店家並創作的想法，就爽快地答應了：「當然沒問題！」

「太好了，能否跟您約我店裡，我請您喝咖啡。」

「好的，我會帶我太太一起來。」

「到時見！」

週末午後，我們拜訪了楞子。誠鋪就在金連發五金行的對面，店面不大，客人坐滿了狹長的空間，楞子正和另一位店員忙碌的一下子沖泡咖啡、一下子準備點心，一點喘息的時間也沒有。我們擠進店裡，先找了空位坐下來，等楞子忙得差不多後，才有進一步的交流。

楞子是道地的台南人，身材高䠷，留著一頭俐落的短髮，看起來十分能幹。她以前曾在奧美集團擔任廣告公關，不過因為個性太過耿直，在職場上吃過許多虧。幾經思考，她最後決定順從自己的心，辭職創業，成立一間將小農與小工坊的產品介紹給消費者的商店，誠鋪。從一開始的網路通路到現在的實體店面，從在台北居無定所的生活到返回熟悉的故鄉，創業後很多的事情早就脫離了原先的規劃，她只能見招拆招地走下去。而位在大菜市的店面在生意才正開始有起色的時候，就面臨了被迫搬遷的窘境，激發起楞子想要以正面方式表達心聲的想法。

在最初的討論裡，我們原本只是打算畫些速寫、做些記錄，不過最後還是決定寫一本記錄大菜市每位攤販老闆的人物誌，利用這個機會，保存即將消失的歷史，也為店家發聲。於是我們投

｜圖 111 ｜第一次來到誠舖所看到的樣子。店內空間雖然不大，但是卻有一種溫馨的感覺。畫面右邊的人便是老闆愣子，這次大菜市人物誌計畫的牽線人。

入了為期半年的採訪活動，我負責繪畫和排版，我太太負責訪談寫文字，楞子則負責協調聯絡攤販區店家的事宜，讓每週的採訪可以順利進行。隨著訪談的深入，我在每一間老店家的身上看到了一條通往過去繁榮回憶的小徑，他們熱情地和我們分享了年輕時代所經歷過的生活片段，這是當初接下這個任務時所意想不到的收穫。

除了自費出版《大菜市人物誌》外，我們也在大菜市裡舉辦了實境插畫展，讓到訪的客人可以將畫作裡的人物和攤販老闆們作實際對照。出書與辦展，是大菜市攤販區的店家們以正面的力量表達存在意義的方式。我由衷地希望這裡能夠保留下來，因為人與人之間的牽絆是最為難忘的回憶。

＊誠舖（曉店）
地址：台南市中西區國華街三段16巷11號
電話：0976-285798
網購：http://www.jinpo.com.tw/
時間：早上十一點到下午六點半（休週二至四）

｜圖 112 ｜努力經營誠舖的楞子。

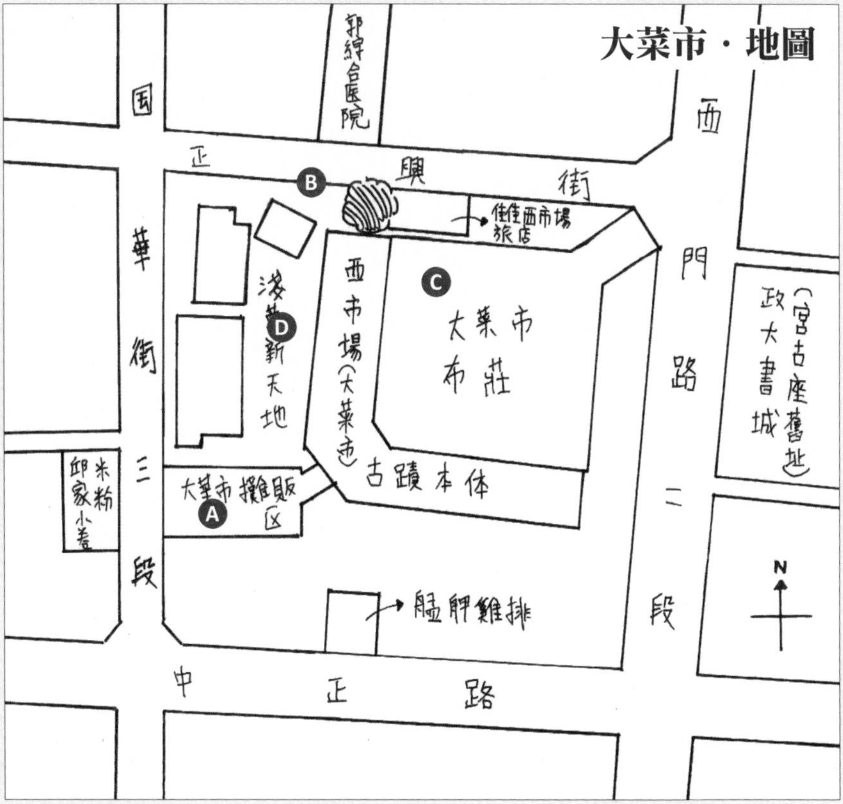

- Ⓐ 圖 103、圖 108、圖 109
  圖 110、圖 111、圖 112、圖 113
  圖 114、圖 115、圖 116、圖 117
  圖 118、圖 119
- Ⓑ 圖 105
- Ⓒ 圖 106
- Ⓓ 圖 107

▬ 大菜市

｜圖 113 ｜採訪後，莊泰山先生希望與太太一起入畫，於是我便畫了他們的合影。

【訪】店家採訪精選

我從採訪集裡面選了三個店家的專訪和大家分享。這些專訪的文字都是我太太所寫的，我負責隨行畫插畫記錄。

＝泰山冰店　（創於一九三六年，終於二〇一六年）＝

文字／陳薔安

在寫這篇文章時，泰山冰店的老闆已經決定退休。

泰山冰店的牆面上貼了許多老照片，照片裡有一位濃眉、秀氣的年輕男子站在同樣年輕的郭金發身邊，男子笑容的弧度特別好看，他是泰山冰店老闆莊泰山先生，現在已經七十歲，頭髮白了，但是兩道眉毛還是相當濃密。泰山老闆的父親年輕時就已經承租這個攤位，原本做的是飯桌生意，到泰山老闆接手時才開始做冰鋪。

飯桌的形式類似自助餐，由店家向菜販、肉販、魚販批貨，料理後再賣給客人。每早天未亮菜販就駕著牛車，從鄉下（註一）將一捆捆的菜運來大菜市，一堆菜有可能只賣給飯桌仔店家三

分錢，再由店家處理後也是薄利多銷給客人，主要客群是勞工階級。泰山老闆說那時大家真的都為生活奔波，人辛苦、牛也辛苦，想到那些拉車的牛隻，到現在他都還不忍心吃牛肉。飯桌的生意一直維持到泰山老闆的父親過世，父親把寶貴的店面留給了泰山老闆。

「我年輕時愛玩，沒有做過正經的職業。」泰山老闆靦腆地笑說：「我爸爸留下一個店面給我，我一開始還真的不知道要做什麼好。」民國五十八年，台南中正路是全市最繁華的地帶，電影院、小吃攤林立，是台南的金色年代。泰山老闆當時隸屬於一個七人樂隊，由賀九龍先生（註二）

｜圖 114｜等待客人上門的泰山冰店，
老闆正在準備食材。

領班，泰山老闆負責演奏 Bass，主要在大世界、海濱舞廳表演，樂隊還曾經擔任凌波的伴奏。因為職業的關係，泰山老闆和廣播界前輩、台南出身的老歌手們多有認識，歌王郭金發也是由泰山老闆推薦進入藝工隊。由舞台上五光十色的人生回到市場工作，泰山老闆十分感謝朋友和生命中貴人的協助。

由於泰山老闆的父親和外公都從事飲食相關行業，因此認識許多願意提供協助的長輩，但現實考量和一連串的機緣，讓泰山老闆選擇冰品為主力產品。「我沒有什麼本錢，一開始批過包子來賣、也賣過綠豆湯，後來樂隊的朋友的父親有一台二手刨冰機要出售，就用一百六十元賣給我了；加上之前修整店面的錢，光是安頓好，積蓄就差不多花完了。」泰山老闆回憶，當時樂隊的朋友常來店裡幫忙，尤其是領班賀九龍先生對泰山老闆特別照顧，但看似簡單的冰品，其實準備餡料、糖水等等也都是獨門技術。當時的泰山老闆對這些可以說是一竅不通，好在有街坊鄰居的幫助，讓他終於站穩腳步。

「當時對面鹹湯圓的老闆娘說願意幫我磨做湯圓的米漿，然後又教我很多煮甜品的技巧，我也算是從頭學起。」泰山老闆邊說邊指了一下對面鹹湯圓的店面，只見鐵捲門緊緊地拉下來：「今天剛好是老闆娘的忌日，家裡兩個兄弟都去上香了。啊，那時真的很感謝她們家幫忙。」以前還用石磨磨米漿，大部分的人力來自於逃兵，原因很簡單，因為逃兵身負重罪，比較吃得了苦，不容易逃跑，雖然現在聽起來十分不人道，但是在那個大家還在生存與生活之間飄忽不定的年代，

很多行業都是這樣熬過來的。從什麼都不會，開始學習使用刨冰機、煮糖水、搓湯圓、熬芋頭泥，攀著在艱辛的旅程中零零星星的光，泰山冰店也在大菜市屹立快五十年。

「拍張照吧，跟你太太一起好嗎？」我們提出這樣的要求。「跟我的夫人嗎？」泰山老闆對太太露出了甜蜜的笑容，那個樣子跟照片裡的少年無一二致，他摟著太太的肩膀，讓我們留下一張合影。

註一：據老一輩的說法，台南舊時的市區僅限於中西區，其他地方都是鄉下。

註二：賀九龍是隨國民黨來到台灣的軍人，在台灣沒有親友，過世後骨灰寄放在廟中，泰山老闆還定期前往弔念。

｜圖 115 ｜採訪時笑得燦爛的珀凰，對於凰商號的商品相當自豪。

＝凰商號（創於二〇一四年）＝

文字／陳薔安

凰商號的主打商品是鳳梨冰茶，但鳳梨吐司、創意甜點也非常出色。他們的冰茶絕對是顛覆想像的滋味，深褐色的茶湯放在白瓷的馬克杯中，送來的時候上面還飄著一片檸檬，嚐起來有梅子的酸甜味，但氣味卻又是道地的鳳梨香，口感滑順、不似一般茶攤飲料黏牙刮舌，加上碎冰之後，成為夏天最棒的消暑飲料之一。而鳳梨小吐司像是填滿鳳梨彈藥的小鋼砲一樣，不但口感紮實，而且鳳梨丁內餡口感清脆、不帶酸味。店長珀凰原本就讀服裝科，但出社會後在西餐廳水吧（水果吧檯）和不少台南老牌咖啡廳工作過。

「那個年代」是凰商號店長珀凰常提到的詞，她指的是一九九〇到千禧年，那個時候台南還有許多老牌西餐廳和咖啡廳，像是南門路上的南門庭院、南二中附近的雙橡園、還有華新牛排。這些餐廳在八〇、九〇年代對公務員家庭來說，都是高不可攀的。小時候我們家一年才去一次華新，媽媽會規定我不可以穿涼鞋，她自己甚至會穿上套裝，大家安安靜靜地坐在餐廳裡吃飯。刀叉碰撞瓷器的清脆響聲和小提琴現場演奏成為我對高檔餐廳的記憶。

珀凰說，西餐廳或咖啡廳雇用的水吧師傅都有自己的獨門功夫，一盤水果經過師傅手藝就要賣上一、兩百元，是可以作為招待上等賓客的「殺必斯」。此外，水吧也負責調飲料，師傅用了三、四種不同的奶類製品，只為了調出屬於自己味道的招牌奶茶。珀凰原本以為這些都只是小差異，

沒想到後來在咖啡廳工作時，若是咖啡豆子少放一些、配料改了一些，熟客們還真的喝得出來。那個年代，台灣經濟還不錯，大家開始有些錢去經營品味、享受人生，當然那時中正路也還沒如此蕭條，下午到土地銀行辦事、到唐寧街十號喝咖啡，是那群人的生活型態。

珀凰說，自己其實是一個吃鳳梨吃到怕的關廟孩子，但當想到要開店時，還是不知不覺地回到自己的源頭。珀凰在水吧工作也是由削水果開始，現在的她半小時內可以削好二十到三十個鳳梨切片。追求榮譽感的廚師魂也深深地影響她，店裡的鳳梨冰茶、鳳梨湯原料是用最簡單的糖、鹽、水、鳳梨，她說：「說真的，鳳梨茶作法網路上一堆，我爸媽住關廟那邊幾乎每個人都會做啊。但是我會挑選用料，像砂糖那些我挑比較好的，喝起來比較清甜，比例也是自己慢慢試出來的。」聊到這邊，她也說現在食品對添加物依賴太深，吃久了就感覺不出來屬於天然食物的天然滋味，又說到市場買的、早晨剛摘下未被太陽曬到的竹筍口感有多麼鮮美等等，美食魂展露無遺。

對於美味如此堅持的珀凰非常在意每個細節，為了確保煮出來

｜圖 116｜凰商號是一個開放空間，客人可以在店裡悠閒喝茶吃點心，順便欣賞市場的繁忙景象。

的茶不會有鐵鏽味，店內的鍋子特別講究，做麵包、手工餅乾也使用上等橄欖油，頗有那個年代的信念——東西貴，但貴得有理、有價值；而好的商家也得靠識貨的客戶維持，與其說在做生意，我更覺得她是以拯救這世代敗壞的味蕾為使命。

「這個空間本身就是適合一些復古的東西。」珀凰說。有趣的是珀凰小時候因為吃鳳梨吃到怕，媽媽因此把鳳梨加工成鳳梨冰棒或其他的小點心，希望降低孩子的排斥感，而凰商號似乎傳承了這樣的實驗精神，讓這間店永遠充滿亮點。原本只是因為喜歡手作、常來大菜市買材料，最後居然在大菜市開了店……熬過那些每天營收不到一千元的日子，珀凰跟一群廚師、甜點師傅間常有交流、彼此交換廚藝心得，也跟大菜市的店家成為好朋友。樂觀又開朗的她講述這一路走來的過程，臉上始終掛著招牌笑容，被問到以後的夢想，珀凰很篤定地說：「我想再開一間店，裡面要有那個年代的咖啡廳的感覺。」

＊凰商號
地址：台南市中西區國華街三段16巷12號
時間：早上十一點到晚上八點（休週二、三）

＝天水聯彩店（創於一九五〇年）＝

文字／陳薔安

天水聯彩店位於大菜市露台和舊時肉市的交叉口，已經靜靜地待了超過一甲子，店內現在主要由林秀鳳阿姨負責打點。阿姨今年六十八歲，在大菜市裡做生意已經四十五年，她皮膚很白，搽著淡淡珠光的豆沙色唇蜜，無論講話或動作都不輸年輕人的俐落。因為已經將近農曆七月，是聯彩店的淡季，秀鳳阿姨趁機剪些金字，準備迎接鬼月後的訂單，秀鳳阿姨笑著說，她的興趣就是工作和存錢，有這樣一間店面挺好的。

秀鳳阿姨娘家在頂茄萣，跟當時天水聯彩行的李源榮叔叔是在共同朋友的婚禮上認識的，一位是伴娘、一位是伴郎，源榮叔叔對秀鳳阿姨一見鍾情，之後就展開超熱烈追求。那時秀鳳阿姨在高雄大新百貨附近的服飾店當櫃姐，源榮叔叔常常到店裡找她喫茶約會，最後終於抱得美人歸。秀鳳阿姨嫁到台南後，夫家不需要阿姨處理柴米油鹽的家務事，而希望她可以在店裡幫忙。做聯彩這一行，必須學習寫漂亮的書法、剪紙，另外對於親戚間的稱謂、各種場合使用的悼詞和賀詞都要非常熟悉。當時各行各業欣欣向榮，聯彩行生意好得不得了，光是選舉造勢、店家開幕就忙不完了，還兼賣婚喪喜慶的用品。

一次閒聊中，有位朋友說：「現在很多傳統工藝都是靠著廟會、生老病死的禮儀在支撐。」我想這也是天水聯彩店目前的狀況。現在店中最常製作的商品是綵球，會繫在香爐上、遊行的神

｜圖 117 ｜秀鳳阿姨喜歡在市場裡的感覺，在這裡有幾十年的回憶。採訪時，她正在製作彩球。即使到現在，彩球的生意仍然不錯。

｜圖 118｜百子被。繡有許多傳統的童子圖案，用來祝福新婚夫妻多子多孫。

轎上以及龍柱上……等。一截緞帶和一條紅線就可以綁出花瓣密集的綵球，完成的綵球形似繡球花，多為鮮紅色或者絕豔的粉紅色，由於阿姨的綵球綁得密實，很多廟都喜歡向她訂購。八仙綵則是店內第二名的暢銷品，現在八仙綵多用印刷印上圖案，辦喜事時掛在室內，很多商店也會掛八仙綵討吉利。偶爾秀鳳阿姨也會幫忙寫婚喪喜慶中使用的聯彩，至於過去婚禮常用的喜帳、毛毯、表被，現在生意已經不多了。

雖然現在大部分的新人省去了傳統禮俗，但在店裡還有幾張喜帳和百子被供租用，百子被是一張繡有很多小孩嬉戲圖的紅色緞布，用來縫在被套上作為表被，據秀鳳阿姨說，現在台灣沒有人在繡這些了，店裡展示的這幾張還是從中國買來的。秀鳳阿姨特別喜歡其中一張百子被，直誇繡工很細，不過她也說：「不過現在人不會想要用百子被了啦，那是以前農業社會需要人力，現在誰要生那麼多個？」說完又把百子被折好收回塑膠袋中，生活型態和價值觀的轉變，造成一些傳統工藝逐漸衰退，這也是在現實生活中保留傳統工藝的困境。

＊天水聯彩店

地址：台南市中西區西門路二段202號

時間：上午十一點到晚上十點（不定期店休）

秀鳳阿姨回憶起以前大菜市的盛況：「以前生意真的很好捏，商店打折、競選國大代表、立法委員都會來我們店裡，要剪字、要做紅布條，剪綵的時候也要紅布條和綵球。」那時她常常早上七八點開工，一直工作到晚上十點，年關前夕甚至到晚上十二點多才收工。四十五年前的大菜市是攤商雲集的地方，尤其一到過年，市場幾乎像是一個大熱鍋，肉市沒日沒夜的殺雞、聯彩行忙著結綵球、還有擠滿大大小小攤位的果菜市場，每個人都想到大菜市發財回家好過年，而大菜市也從未辜負他們，大家忙到年初時已經收滿一麻袋、一麻袋的錢。

正在閒聊時，一位伯伯到大菜市找秀鳳阿姨，他的襯衫還有些雨漬，大概是夏日傍晚突如其來的雨。伯伯因為姻親過世，急忙要買果籃和送輓聯過去，他詳細地詢問秀鳳阿姨要去哪邊買果籃、輓聯要怎麼貼等等，秀鳳阿姨不疾不徐地在紙上寫下伯伯和亡者的親屬關係，又告訴他去哪邊買些水果、哪邊買塑膠籃，果籃用保鮮膜包好拿過來貼輓聯即可，伯伯緊張地探詢選水果上有無特別禁忌，秀鳳阿姨的答案倒是非常實際的：「選些不容易壞的、大家愛吃的，啊，蘋果吧，蘋果應該可以放很久。」伯伯記下來之後，又匆匆消失在雨中。看著伯伯的背影，我才想到聯彩行應該常常要面對這類生死婚喪的人生大事吧，而這些人生大事有時卻來得意外的突然，有時也不能如我們想像，我覺得阿姨倒是很淡定的，最後以幾顆蘋果作為人生收尾，雖不氣派，但是也頗有巧思和可愛。

到秀鳳阿姨的年歲，店裡的生意好壞已經不是特別重要的事，但她還是晚上七點多才打烊，那時的菜市場只剩福榮意麵、江水號還在營業，市場內一片幽暗，與白天人來人往的情景成為巨大的反差，彷彿回到幾年前我初訪大菜市的模樣。店裡打烊之後秀鳳阿姨和源榮叔叔會和在澳洲的女兒視訊，阿姨說女兒現在在澳洲的生活很精彩，和朋友組成車隊旅遊、還到偏鄉去帶小朋友唸書，因為每天視訊的關係，也不覺得女兒離自己很遠。

望著舊時的百子被，阿姨說：「像我女兒三十六歲了都不結婚，待在澳洲不回來了，不過我覺得沒關係，她開心就好，做父母的都這樣，只要小孩要平安、過得開心就好。」時代是一棵樹，我們不過是倚靠著樹生活，時而有蔭、時而有花、時而下雨、時而放晴，能把握每一天做自己想做的事情，也挺好。

【自】重拾繪畫

完成了大菜市人物誌，半年過去，我又回到了這個熟悉的地方。和採訪時的樣子相比，這裡有了不少的改變。

入口處的攤位在泰山冰店老闆退休後被其他店家頂了下來；凰商號的店長珀凰和合夥人拆夥，已經離開了大菜市，到東區的崇信街開了間真正屬於自己的小店「單子葉」；誠舖在大同路新闢二店，愣子現在蠟燭兩頭燒地兩邊跑；天水聯彩店已經被拆除，現在被鐵皮包圍起來，古蹟維修的工程正在如火如荼的進行著，秀鳳阿姨也遷到了淺草新天地的攤位繼續營業。

有的店家走了，有的店家補了進來，這一切的一切都在人物誌完成後的半年內劇烈變化著，採訪時覺得永遠不變的當下，其實如此脆弱。

「嘿，藝術蝦，怎麼有空來？進來坐，吃碗麵吧。」阿瑞老闆看到我來到店前，熱情地招呼著我。阿瑞老闆從年少時接下父親的攤位到現在，已經賣了幾十年的意麵。每天站在同樣的位置煮麵，日復一日地在地磚上磨出了自己的腳印。阿瑞老闆年輕時剛接下攤位時，應該也曾為常到大菜市閒逛的葉石濤煮過麵吧！

走進店裡，點了乾麵和餛飩湯，等待出餐的時候，我想到了葉石濤。大菜市，是他重拾寫作的人生轉折點，這段故事帶給我很深的共鳴，因為我也有過同樣的心情。

｜圖 119｜正在煮麵的阿瑞老闆。

二〇〇八年，我因為選錯了碩士班的指導教授，幾經掙扎，在成大開學前一天放棄了研究所的錄取資格。走出行政大樓的當下，回顧來到台南近兩個月的生活，只能苦笑以對，這是我在求學生涯裡第一次摔的大跟斗。

其實，我對考試一直沒有太大的把握，總覺得是自己運氣好，才能一路過關斬將。舉例來說，高三時參加學測，英文考得不好，但我的分數恰好位在頂標的最後一名，才能參加推甄，後來雖然沒有正取，但又在不少人放棄資格的情況下由備取十七名扶正，真的是運氣不差。

因為對重考沒有信心，這次的跟斗帶給我龐大的精神壓力，放棄入學的那個星期，一連失眠了好幾天。在這樣的處境下，我早就沒了感受台南新生活的悠閒心情，每天光是準備重考已忙不過來，更遑論是畫畫了，我也因此停筆了好一陣子。

不久後我入伍了，那是一個異常炎熱的十月天。原以為離開成大後，短期內不會再回到台南這個傷心地，但沒想到滿載新兵的列車竟又將我帶回了台南。新兵們魚貫地走出火車，再轉搭接駁車來到位在台南官田的新訓中心。這裡有不少的訓練項目等著我們，有基本教練、野外單兵戰鬥、刺刀術等等，除此之外，因為我單槓可以拉一下，所以還得負責伙房公差。剃了大光頭，努力熟悉著團隊生活的我，在繁忙的操練中消磨著創作的慾望，有空檔的時候，也只想好好休息，根本沒有心思畫畫。

回想這一年來坐雲霄飛車般的經歷，我感慨著命運變化的迅速與無情。上半年，我還是個滿懷希望準備南下讀研究所的準畢業生，有很多的空閒時間可以心無旁騖地鑽研畫畫；下半年，我卻每天扛著槍踢著正步，困在宛如監獄的軍營裡，不知道何時可以再回到學校讀書。

某天晚上，我們這些新兵被帶到營區的大禮堂參加「自願役」說明會，台上的長官口沫橫飛地細數簽下去的好處，台下的新兵，有的聽得入神，有的兩眼無神，更多的人睡成一片。由於實在太過無聊，我翻開小筆記本，用藍色的油性原子筆胡亂地畫了前方弟兄的背影。那幅潦草的速寫被身旁的鄰兵看到了，他很驚訝地直誇畫得很好，還建議我應該用速寫來記錄軍中生活。

那幅亂畫的速寫現在已經找不到了、我也不知道那位鼓勵我的鄰兵叫什麼名字。然而，他的建議卻像當頭棒喝般敲醒了我：「是呀！為何不來畫當兵生活呢！」這個聲音在心裡一直揮之不去，我好像又重新燃起了想畫些什麼東西的念頭。

懇親假一結束，我就帶了手掌大的畫本，以及一隻黑色的專用畫筆回到部隊，開始速寫起在新訓中心的日常生活，畫的東西很雜，有在睡覺的弟兄、打靶的情況、丟手榴彈的樣子、營區的風景等等。那樣的感覺，像是火山爆發，帶給我無限創作的熱情，以及源源不絕的靈感。我像是發了狂般地到處畫畫，甚至連休息時間也捨不得浪費。這個時候，軍營對我來說不再是苦悶的監牢，反而成了巨大的畫室，即使是最細微的瑣事也因為速寫有了新的意義。

幾個星期後，官田新訓結束了，我被分發到台北服役。在新的環境裡，我仍舊維持著速寫的習慣，到退伍時竟不知不覺畫了三百多張的速寫，還得到「人肉照相機」的稱號。讓我感動的是，離營前，不少義務役的弟兄問我能不能將作品的電子檔寄給他們收藏，因為這些速寫也有著他們當兵的回憶，那是我入伍以來最開心的時刻了。

十年過去，當我再度回憶起那些年在軍中畫速寫的日子，我開始能夠體會，放棄寫作十多年的葉石濤翻到《台灣文藝》後，重新覺醒，燃起熊熊寫作慾望的心情。原來，不論是寫作還是繪畫，我們肚子裡的「創作之蟲」，是不會那麼容易就死去的。

｜圖 120｜記錄軍旅生活的速寫圖組。

2009、2、15
這星期六總長來，戰備跳到死

2008、12、20
保一廠、一寢廁所內的海報
鷹式飛彈三型

2009、2、9
保一廠、烤肉大會速寫

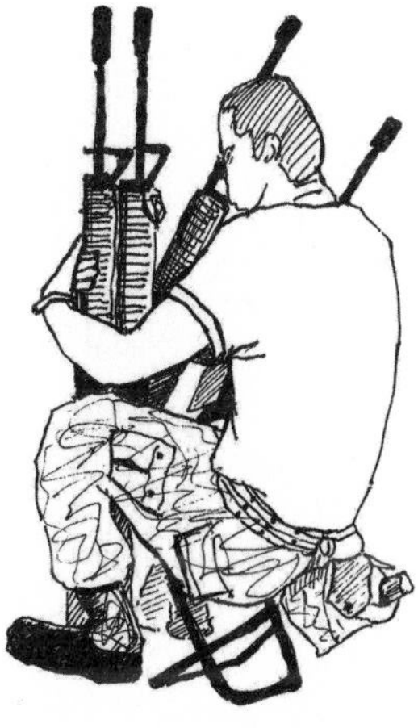

2008、10、30 官田新訓、下課時
顧槍的新兵

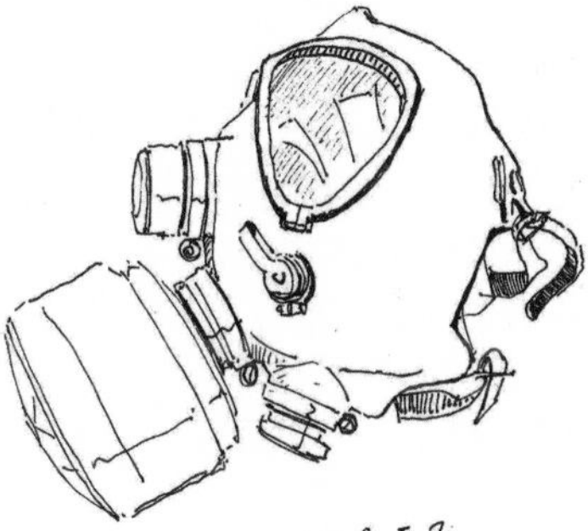

2009、5、7
連上防毒面具(T3-75式)

【卷六】老古石街

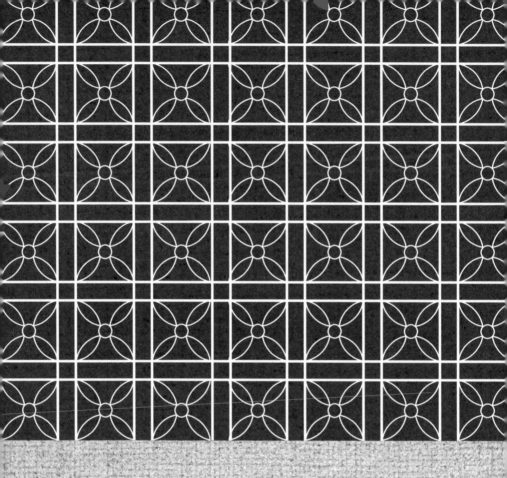

昔日往事

【昔】壓抑與解放

「然則這荒謬的日子也未曾摧毀我生存的本能。我究竟沒有發瘋，也沒有自殺。我終於不情願地逐漸走向復活的道路去。叫回我面對現實世界來的是麗雪，他用的工具是肉慾，肉慾的酣醉，奇蹟似的治癒我心靈的創傷。」——葉石濤〈羅桑榮和四個女人〉

走過近十三年被迫出場的日子，因為在淺草鬧市偶然看到了《台灣文藝》的小冊子，使得葉石濤重新燃起蟄抑已久的文學魂魄，再次踏上創作的旅途。我們所熟知的大部分葉石濤作品，都是出自這個階段以後。

在葉石濤重新復出的六〇年代，台灣社會還籠罩在白色恐怖的氛圍裡，這個曾經被判「知匪不報」罪入獄、遭受國家暴力無情摧殘的「前政治犯」在情感上受到了高度的壓抑，他想將這份壓抑宣洩出來，卻又不敢明目張膽地大聲說出，只好用隱諱的方式表達在小說裡。以「黑色幽默」來嘲諷現實生活的困苦無奈是一個方向，發表於一九六八年的〈葫蘆巷春夢〉是其代表作。另一個方向，則是以女性的肉體撫慰心靈的傷口，在「昇華的情慾」裡獲得精神的解放，這個階段的代表作則是寫於一九六六年的〈羅桑榮和四個女人〉。

＝導讀：〈羅桑榮和四個女人〉＝

八叔公是個既吝嗇又心細如針的人，我不知道他腦子現在存著什麼念頭，反正我這下午應該義不容辭地趕到那老古石街的八叔公家去，我在那裡住過一段不算短的日子，直到我同鳳姿結婚搬出來為止。

故事的開頭，羅桑榮正準備出門去位在老古石街的八叔公家參加曾祖母的葬禮。曾祖母是個性觀念開放的九十多歲老婦，她以赤裸又直接的語言超越了傳統社會對情慾壓抑的枷鎖，那種比現代人更快活、更率真的生活態度，一直是情感嚴重壓抑的羅桑榮所嚮往的境界。小說接著以羅桑榮生命裡的四個女人為支線，分開講述了羅桑榮與她們之間的故事。

因病過世的妻子鳳姿是羅桑榮生命中第一個重要的女人。羅桑榮和鳳姿相遇於協益鐵工廠，這個工廠原在二戰美軍的轟炸下變成了廢墟，一九四七年，羅桑榮從日本冶金學校畢業歸國，在八叔公的建議下擔起重振鐵工廠的重任。然而，深愛妻子的羅桑榮在鳳姿去世後，因為過度悲傷，像行屍走肉般失去了生存的意志，終日沉浸在苦澀的回憶裡，消磨著漫長的日子。

某日前往安平的路上，羅桑榮遇見了生命中第二個重要的女人，風塵女子麗雪。麗雪帶他重回人生的軌道，成了羅桑榮生命裡的貴人。她充滿生氣與誘惑的肉體治癒了羅桑榮心靈的創傷。在保守的年代，勇於追求自我的麗雪，不願受社會傳統約束，顯得相當異類。當羅桑榮第一次遇見她，便為麗雪跳脫時代而充滿異國風情的氣質所吸引：

那特殊的氣質，似乎含有濃厚的奶油和白蘭地酒的氣味，所以乍看你以為遇到一個從遙遠異域裡來的女人。

麗雪是個為了一場短暫的異國之戀而未婚生子、迫於生活的壓力不得不淪落風塵的女子，她在每個夜晚來到羅桑榮的住處，以情慾撫慰著窮困潦倒的羅桑榮，同病相憐的慰藉，讓他們之間的情慾昇華為精神上的關懷，從而使羅桑榮獲得了心靈的解放。這段戀情一直維持到麗雪收到了一封美國寄來的信，毅然決然地離開羅桑榮去尋找她的初戀情人後，才告終結。

羅桑榮生命裡的另外兩位女子，是曾祖母的丫環翠微以及年輕寡婦春姬，都是八叔公屬意給他做妻子的女人。翠微美貌而理智，但她明白身分地位的懸殊，和羅桑榮之間無法突破主僕關係的隔閡。春姬是個兼具傳統美德的婦女，她代表了穩定生活的樣板，這也是羅桑榮內心深處想要的歸宿。在小說的最後，羅桑榮娶了春姬作為他的妻子，也振作起來，找了份教職的工作有尊嚴地過著生活，但麗雪是他始終隱瞞著不讓春姬知曉的祕密。

｜圖 121 ｜穿旗袍的女子讓我想到小說裡的女主角「麗雪」（參考「旗跑旗袍」拍攝的照片繪製）。

＝在文學裡找尋解放＝

在〈羅桑榮與四個女人〉中，羅桑榮經歷喪妻之痛的墮落與放逐，是這個「前政治犯」在文學夢被迫中斷，度過十幾年被迫不鳴不放日子的壓抑情緒。葉石濤特別喜歡在小說裡描述歡場女子，因為她們的不幸與任人踐踏、無力抗爭的事實正是葉石濤在出獄後最無助的感受。他就像弱勢的歡場女子一樣，遭受著大時代的無情摧殘。

然而，這些女子總是比一般人更懂得面對生活的困境，也是葉石濤在在荒村裡面對窮苦生活的一種態度，可以說筆下的歡場女子成了他心境上的投射。

麗雪的肉體撫平了羅桑榮的傷口，重拾寫作的葉石濤則在文學創作裡找到了宣洩口，情慾治療與文學治療成為了同一件事。在故事的結尾，葉石濤以自身現況刻畫了羅桑榮和春姬結婚的結局，他所選擇的，是以一個平凡而安穩的婚姻生活，度過餘生。

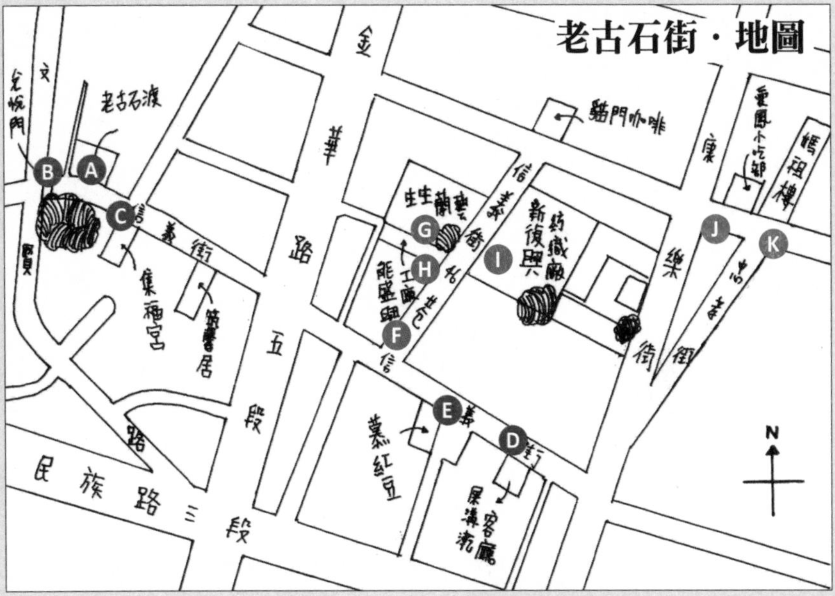

A 圖 122、圖 124
圖 125、圖 126

B 圖 123

C 圖 128

D 圖 127

E 圖 129、圖 130

F 圖 131

G 圖 132

H 圖 133

I 圖 134

J 圖 135

K 圖 136

大菜市

信義街四十六巷

忠孝街

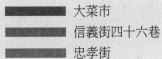

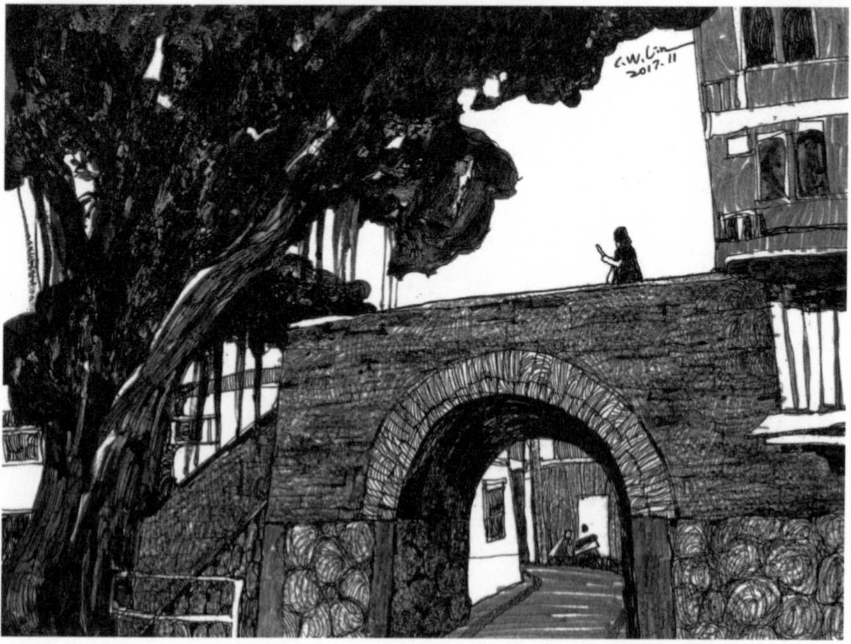

｜圖 122 ｜爬上兌悅門，俯瞰老古石渡。

｜圖 123 ｜兌悅門與一旁的大榕樹。

今日重遊

【訪】新生活的渡口：老古石渡

＝八叔公故居＝

「曾祖母一向住在八叔公家的閣樓……我此時剛好了結一樁正經事，心裡也就寬鬆得多了，就躡手躡腳的踏上了樓梯。我想像，曾祖母也許正在陽台上打盹……當我走進陽光璀璨的曾祖母房間時，正不出我所料：曾祖母在稀稀疏疏的髮髻上插戴著銀粉閃紅的紅色紙花蕾，低頭假睡。」——葉石濤〈羅桑榮與四個女人〉

葉石濤筆下的八叔公家就座落在老古石街（今信義街），這裡是羅桑榮曾經生活過的地方，是他最鍾愛的曾祖母離世的傷心地，也是他和八叔公衝突的現場。

在小說中，這棟承載著羅桑榮記憶的老房子是一間至少二層樓高，在閣樓外有個小陽台的大宅院。儘管只是虛構的場景，但是每當我走在老古石街的時候，兌悅門旁的老屋住宿空間「老古石渡」總讓我聯想到八叔公家。

老古石渡建於一九四〇年代，有著樸實的洗石子外牆、暗橘色的木門窗以及整齊素雅的配色。它和緊鄰在側的兌悅門與老榕樹構成了一幅老屋、大樹以及古蹟交會的城市風景。

從前的生活模式多是大家族群居在一起，親戚間比鄰而居，有的時候兩戶人家的房子除了可能會連在一起外，還會共用生活空間，像是走廊、廚房、院子或是廁所等等，老古石渡便是這樣一個微型聚落的格局。二層樓的前棟與三層樓的後棟組成了整個居住空間，互相獨立的前後兩棟雖然各有各的生活地帶，但卻又被彼此間的露天走廊緊密地連結在一起，散發出濃厚的牽絆氣息。

老古石渡位在後棟三樓的「邀月」房型，就像是從小說裡跳出來的曾祖母閣樓。這裡的採光非常好，有整面牆的玻璃，明亮的陽光可以透過一片片的毛玻璃灑進屋內，地板是平滑典雅的磨石子，除此之外還有兩張墨綠色的老沙發，靜靜地擺在角落。房間外有一個陽台，和小說裡的描述不謀而合。從這裡可以看到老古石街和兌悅門交會的小廣場以及高聳的大榕樹。當我從二樓的走廊打開了門，爬上樓梯來到這裡的時候，就像是小說中正要去探望曾祖母的羅桑榮，走進有著舊時代生活面貌的空間裡了。

｜圖 124｜老古石渡三樓的「邀月」房型，讓我聯想到曾祖母所住的閣樓。

我一直思考著老屋迷人的原因。或許，是因為這些空間帶著我們走入了時代的深度，在層層疊疊的時間脈絡裡找到了文化傳承的基因。老古石渡對旅人來說，是遇見舊時代的聚落；對我來說，則是一個真實存在的四〇年代場景，〈羅桑榮與四個女人〉裡的八叔公家。

‖回台南，Emily‖

〈羅桑榮與四個女人〉中的麗雪是一個勇於追求自我，不受傳統束縛的新時代女性。在葉石濤的文學世界裡，總是不乏這樣的女性形象，也讓我聯想到了老古石渡的經營者Emily。她離開原本平穩的人生規劃，來到台南展開了新的夢想與新的生活，在和創業夥伴們的合作下，將一棟

｜圖 125 ｜由「邀月」的陽台往外看兌悅門與大榕樹，從這裡想像曾祖母在陽台的樣子。

荒廢多年的老房子重新改造成可供旅人暫憩的聚落，成為我後來所認識的老古石渡。

Emily 是由於什麼樣的原因與台南有了交集？在深入了解後，我才慢慢理出其中脈絡。原來，每個人的生命裡總是充滿著不期而遇的串聯，最終帶著我們來到了彼岸。

訪問記錄

「我喜歡《牧羊少年奇幻之旅》，在讀這本書前，我是個超級乖乖牌，要求自己完全做爸媽心中的兩百分女兒。讀了這本書後，我思考了很多事，才慢慢找到心中的自己。」Emily 說。

Emily 回到台南已經五年了，她現在是老古石渡民宿的經營者，也是民宿一樓茶空間「雲澗茶小賣所」的主人。我之前曾在老古石渡教過水彩課，有的時候也會去茶空間喝茶，我們很自然地變成了朋友，忘了是從何時開始認識她的。

Emily 是台北人，她在高中畢業那年考上了成大，於是來到台南讀書、生活，直到大學畢業後因為工作的關係才離開這座城市。回到台南之前，Emily 嘗試過許多不同的工作，擔任過壽險業的理財專員、在化妝品公司做過活動企劃，也曾經頂下宜蘭一間已經很完整的住宿空間，隻身前往當地經營民宿，那是她第一次的民宿經驗。Emily 說：「當時覺得弄房子還蠻有趣的，但真正經營之後才發現和想像中不一樣，非常累。那個時候好不容易撐完艱苦的第一年，業績開始穩定成長，一場突如其來的大雨卻淹掉了努力的成果。最後在房東決定不再整修的情況下，我只好打包回家。」

離開宜蘭、回到台北的 Emily 也進入了人生的下一個階段。她結了婚，生下了第一個孩子，當生活中的一切似乎都照著再也平凡不過的人生規畫行進時，她卻接到一份來自台南的邀約。Emily 的成大學長們在老古石街找到了一棟不錯的老房子，打算改造成民宿，讓朋友們回台南可以有一個好好聚聚的地方。這個時候，他們剛好想到了有民宿管理經驗的 Emily，希望她可以幫忙經營這個空間。

不期而遇的機會加上先生的支持，讓 Emily 最終下定了決心，帶著一家人南下和學長們一起創業。這時，她才終於回到了闊別十三年的台南。

為了更了解 Emily 一點，我對她做了一次訪談。

Q：「台南是因為什麼樣的原因吸引妳呢？」

A：「在成大生活的那幾年，很明顯地感受到這個城市很有人情味。那時候的我，交通完全只靠公車和走路，在台南因為公車不像台北這麼方便，就一直都靠走路的。學校的學長姐很照顧我，而走路去吃飯或是沿街逛回宿舍的路上，也看到許多店家熱情地跟客人聊著天，很像老朋友的感覺，這份人與人之間的溫度很吸引我。」Emily 接著補充：「另一個很重要吸引我的是台南的天氣。從小怕冷的我，對於南台灣的溫暖真的覺得很舒服，常常看見太陽的天氣心情就容易開朗豁達，我覺得啦！」

｜圖 126 ｜抱著孩子的 Emily
（參考陳慧雯拍攝的照片繪製）。

Q：「離開台南後，會想再回來嗎？」

A：「大學畢業後回到台北工作，一直很想念台南，每年也都會回台南逛逛走走個三、四趟，有種回家的感覺。也許是因為大學時期在台南的生活讓我找到喜歡的自己，也感受到許多原本不認識的人很熱心地關心與幫忙，那份感動與溫暖，至今仍深深刻在心頭。」

Q：「剛來到老古石街的時候，妳有什麼樣的心情？」

A：「有了孩子之後，也一直在思考，我們要留給我們的下一代什麼？當我初次來到這裡的時候非常震撼，走進城門像走入時光隧道，回到五、六〇年代的感覺。於是我開始認真地研究這裡的歷史故事，漸漸有種生根的感覺。這是一塊很有故事的土地，在這裡會有種很強烈的歸屬感。也因為這份歸屬感，更希望能夠好好保存下來，同時也能夠帶著孩子們了解大自然，進而共同協助友善土地耕種的農民，留下乾淨的土地並保存過往的歷史軌跡。」

Q：「你覺得一直在找尋的自己會是什麼樣子呢？」

A：「記得大學時候有次回台北，看到了一張我國中時候寫下的紙條，上面寫著：『我希望在我身邊我所關心的人都會因為我而變得更快樂。』我看到的時候笑了，這麼多年，這份願望還是持續著。我想，我一直在找尋的自己，是陪伴更多我關心我愛的人，勇敢築夢，踏實圓夢。」

一個勇敢追求夢想，有溫度的人，便是我所認識的 Emily。

＝新生活的渡口＝

二〇一二年老古石渡重建完成。Emily的第二個孩子在房子差不多快完成整修時誕生了。葉石濤曾說：「台南是適合做夢、幹活、戀愛、結婚、悠然過活的地方。」這段話，或許在Emily的身上也得到了印證。

老古石渡，這名子取得真好。對不論是旅人還是移民到台南的人們而言，它都是新生活的渡口，帶著我們經歷在台南的美好時光。

＊雲澗茶小賣所
地址：老古石渡一樓
時間：早上十一點到下午六點（週六、日）
下午一點到六點（週一、二、五）

＊老古石渡
地址：台南市中西區信義街120號
訂房電話：0984-260256
電子郵件：loku.tainan@gmail.com

【巷】老古石街

＝拾啜歷史＝

因為常到老古石渡教畫的關係，我對這一帶相當熟悉。說到老古石街的歷史，要從「五條港」開始談起。明鄭時期廣闊的台江內海在十八世紀初期逐漸陸化，形成了大片水道縱橫的海埔新生地。在海埔新生地上，先民闢建街道，並沿著殘留的水道挖掘了五條可供航行、載運人貨的運河，形狀如同掌中的五指，深入府城市區。

古時候習慣將船走的水巷稱為「港」，這五條運河便合稱為五條港，從大陸過來的商船可由安平入港，直直地駛進市中心。便利的航運不僅開闢了清代台灣與大陸間鼎盛的貿易，也造就府城郊商的風光歷史。

隨著航道的淤積，五條港逐漸失去運河的功能，到後來僅剩水道較深的「新港墘港」尚且還可通行船隻，貨物便改成由此運送。往來船隻商旅不斷，老古石街因為緊鄰渡船碼頭，也跟著繁榮起來。葉石濤小說〈羅桑榮與四個女人〉裡的羅桑榮家族，或許因地緣的關係而是五條港的郊商（參與公會的商號）的後人也說不定。

當年五條港的各碼頭都有同姓氏的集團劃分工作地盤，並建立各自的廟宇。一七三六年，泉州石獅塘後的黃姓同鄉迎來了家鄉的玄天上帝，供奉在新港墘港碼頭，作為當時船筏、碼頭工人的信仰寄託。這間小廟在一八二二年遷至現址，並改名為「集福宮」。由於搬遷後的地點就在熱鬧的老古石街上，當地人常在廟裡協調各種商業上的糾紛，集福宮也就成了這個區域鼎盛時期的見證者。

至於老古石街名字的由來，則出自清代兩岸貿易繁忙的歷史痕跡。那時來往於府城和大陸之間的郊商貨船將貨物運送到大陸後，為避免返航時船輕航行不穩，便以沉重的老古石（珊瑚礁）做為壓艙石，抵達碼頭後這些便宜的壓艙石順勢成為街道路面的建材，老古石街也就得名於此。

隨著時間推移，新港墘港最終也因泥沙淤積而失去功能，這時五條港才算是真正地走入了歷史，失去運河加持的老古石街也迅速沒落。

老古石街口有一座城門「兑悅門」。建於一八三五年，

｜圖 128｜上百年的老廟，集福宮。
見證了老古石街的興衰。

是在叛亂事件「張丙之役」兩年後，清政府為安定民心而在大西門外增建的外城。由於城牆與城門的基座皆以老古石為建材，所以又稱「老古石城」或「甕城」。是目前台南唯一現存的外城門，因位於西方屬於八卦中的兌方，故取名兌悅門。在清代，兌悅門和同屬西側的小西門與小北門曾共築一道堅實的外城，抵抗海盜的騷擾。

日治時期，因為闢建道路的緣故，拆除了府城的外城牆，不過兌悅門卻保留了下來。兌悅門在戰後仍然可供人車通行，成為老古石街與文賢路交會的節點。此外，在城門旁邊，也可以看到一八二二年所立的「修造老古石街路頭碑記」，記載著這一帶發展的脈絡。

現在，老古石街少了簇擁的貨船與熱鬧的商旅攤販、路面上的石板被石磚取代、街名也改為信義街，成了台南眾多寧靜老巷弄的一份子。儘管如此，當我們了解腳下這片土地的過去，總是會在漫步的時候，激發出更多的感受與想像，這大概是我為什麼這麼喜愛閱讀巷弄歷史的原因吧！

＝漫步老古石街＝

從兌悅門出發，沿著老古石街走，除了老古石渡之外，還有攝影師的影像咖啡館「狐狸小屋」、由百年古厝整修而成的無菜單料理餐廳「筑馨居」、隱藏版傳統美食小店「老古石碗粿」等等。

新舊店家不擁擠地錯落在這條古老的街道上，不會像觀光客簇擁的神農街般散發出濃厚的商業氣息。走在這裡，我的心情是輕鬆的。

南北縱走的金華路將老古石街一分為二。跨過車水馬龍的大馬路，來到另一側的老古石街，這一段在清代是新港墘港的河道。根據媒體報導，幾年前社區老房子在整修時還曾挖到古河道的遺跡。

這一側的老古石街有更加豐富的人文景觀，有專賣柴燒紅豆湯的「慕紅豆」、讓人回溯時光的民宿「屎溝墘客廳」、台南幫大老侯雨利起家的「新復興紡織廠」、文青聚集地「能盛興工廠」或是《總舖師》電影場景「媽祖樓」等等。此外，在為這本書取材每一卷封面的鐵花窗時，我還發現老古石街的鐵花窗是最富有變化的，每戶人家的門面上都有著形形色色不同造形的鐵花窗，相當有趣。在這些眾多的風景中，我與「慕紅豆」有著比較深刻的交集。

＝慕紅豆＝

慕紅豆位在老古石街的尾端，是一間專賣柴燒紅豆湯以及紅豆點心的特色小店，我在某天到老古石街速寫的時候遇見了它。這間小店所在的老房子是由紅瓦老厝與灰色二層樓民宅混搭而成，奇異的構造吸引著我的目光，讓我決定停下腳步，找個有遮蔽的角落開始寫生。這個突如其來的舉動，引起了正在店裡忙著招呼客人的店員注意，她放下手邊的工作，跑到了我的面前。

「嗨~你在做什麼呢？」

「我正在畫妳們的老屋，因為很有特色，所以就停下來速寫了。」

「真的嗎！我也喜歡畫畫，等一下要不要來店裡坐坐，喝碗紅豆湯？」

不久，我依約走進店裡，她介紹店主人大可給我認識，大可豪邁地請我喝了一碗柴燒紅豆湯。喝紅豆湯的同時我注意到了放在一旁的雜誌封面。那是一張大可綁著頭巾騎著三輪車分享紅豆湯的畫面，我快速地翻到了介紹大可的那一頁，雜誌裡寫著大可的故事：

二〇一三年二月，大可開始了為期半年的環島漂流之旅，他決定用三輪車載著爐灶鍋具出發，為的只是能把一碗熱騰騰的柴燒紅豆湯帶到全台各地弱勢的人們面前。書上寫著「這趟環島，最美的風景真的是人」。大可在旅途的每一站都遇到熱情的民眾協助，而他總是將大家送的東西在下一站又分享出去。在這段夢想之旅中，他分享了將近一萬碗的柴燒紅豆湯，每一碗，都帶來快樂與滿足的微笑。

雜誌看得差不多後，大可也剛好忙完店裡的工作和我閒聊了起來。大可提到以前曾經在電腦公司任職，在日復一日的生活中，他漸漸對手邊的工作感到疲憊，因為行銷冰冰冷冷的產品並沒辦法為客人帶來真正的快樂。想到這點，他開始思考人生的另一種可能。

｜圖 129｜有著拼貼風格的慕紅豆老屋。

＊慕紅豆

地址：台南市中西區民族路三段 148 巷 35 號

時間：中午十二點半到晚上六點（休週一至三）

大可接著說，離開職場後，他一時間找不到人生的方向。直到在台中內觀中心閉關禪修時喝到一碗紅豆湯，才讓他終於有了想法。這碗紅豆湯讓他想起了樂於分享，喜歡煮紅豆湯的父親在兒時帶給他的溫暖。

於是，大可便決定以紅豆湯做為新的起點，將那份感動散發出去。就如同慕紅豆的名片上所說的：「對我來說，柴燒紅豆只是媒介，重要是找到生命中的印記。」

我佩服大可的勇氣，能夠聽到內心的聲音，堅持理想讓它成為現實。這份傻勁，不也和葉石濤，以及每一位在台南大小巷弄裡努力創業生活的人們一樣不謀而合嗎？

即使已經事過好幾年，但是當我回想那天喝著紅豆湯的當下，除了溫暖的味道外，還感受到一份實現夢想的喜悅。

｜圖 130 ｜正在煮紅豆湯的大可。

═ 信義街四十六巷 ═

老古石街是我舉辦的「速寫葉石濤文學地景」系列活動的最後一站，八月一個炎熱的午後，畫友們先在兑悅門集合，我再帶隊去鑽巷子，並且順便向大夥們解說它的歷史脈絡以及與葉石濤文學之間的連結。我們來到了信義街四十六巷。這條巷子的入口就在從金華路走到慕紅豆之前的T字形岔路上，我會想分享這個轉角的原因，是因為這裡有兩個值得一提的地景，「新復興紡織廠」與「能盛興工廠」。

新復興紡織廠

新復興紡織廠遺址是一個被高牆、大樹與民宅圍繞的舊廠房，承載了一段台南著名企業家侯雨利發跡的故事。

侯雨利（一九〇〇至一九八九）生於台南北門二重港的貧困家庭，早年以布行起家，雖然一開始資金不多，規模也很小，不過在他的努力下，商行的業績仍舊蒸蒸日上，也累積了一定的經濟實力。當布行穩定經營了好一陣子後，侯雨利碰巧看到一間位在老古石街的紡織廠因為經營不善尋求頂讓的消息，他掌握這個機遇，將工廠買了下來，改為新復興紡織廠，自行生產布料，從

｜圖 131 ｜信義街四十六巷的風景。

經商跨足到了製造業。二戰時，布莊生意受到戰爭的影響，新復興紡織廠也被迫歇業，但侯雨利反而以經營布莊時積蓄的可觀利潤，在台南各地購置數百甲的土地，成為日後事業擴張的家底。

戰後，侯雨利與吳三連、吳修齊及高清愿等人合資，共同開創以台南紡織、環球水泥、統一企業、太子建設等為主體的大型企業集團，成就了「台南幫」企業家的輝煌歷史。當年事業成功的侯雨利身家豐厚，與王永慶有著「北王南侯」的稱號。

一九八九年，侯雨利病逝，結束了他奮鬥的傳奇一生。十六年後，台南市政府將侯雨利列為歷史名人，在他二重港的故居掛牌紀念。

新復興紡織廠雖然歇業許久，但它的廠區仍然完整保留著幾十年前的樣貌，時光似乎就停留當年機器全力運作的轆轆聲中。信義街四十六巷是紡織廠的後門，走在這裡可以看到排列在高大圍牆上的梯形天

｜圖 132 ｜生生蘭藝老屋與生長在上面的大樹。

窗，但眼前的高牆讓人無法一窺它真正的樣子。

紡織廠的對面有一棟格局氣派的老豪宅，紅色大門旁掛了寫著「生生蘭藝」的白色牌子。它的占地很廣，有著巴洛克風格的洗石子雕花立面，以及長著茂盛大樹的護龍街屋。老宅的主建築上也被加蓋了鴿舍，雖然無法看到房子的全貌，但從它的規模仍可感受到它過去的輝煌。這棟氣派的大宅院僅和紡織廠有一巷之隔，讓人直覺是侯雨利的故居。

可惜，這只是我的一廂情願罷了。它的主人是誰，我查不到記載，一直是個謎。

能盛興工廠

能盛興工廠就在「生生蘭藝」的旁邊，是棟縱深很長的老屋，這個空間綜合了鐵花窗、磨石子樓梯、木造樓梯、紅磚等老元素，我並不知道這棟房子的年紀，只是從這些蛛絲馬跡中，看到了舊時代的痕跡。

能盛興工廠原本只是間廢棄多年的舊鐵工廠。二〇一四年，一群關心社會議題的年輕人將它承租下來，並改造成實驗共同生活的城市烏托邦。成員們宛如一個大家庭，一起共食，一起生活。他們也發揮自己的力量，從小農市集、廢核遊行到舉辦同志婚禮，一起策劃了各種關注環保、食安與同志權益等社會議題的活動。同時，這裡也透過開辦獨立書店、提供展演空間與經營背包客棧，吸引著不同背景的人們來到此地，分享彼此對時事的看法。

離開理想來到現實生活，為了維持生計，成員們必須在外四處打工討生活，從油漆工、水泥工、清潔工以及人體模特兒，什麼都得做，網路媒體報導者以「最苦的小確幸」來形容經營一個空間的不易。經過他們的努力，能盛興工廠也逐漸打響了知名度（註：在本書快交稿前，才得知位在信義街的能勝興工廠本址已於二〇一八年一月二十日熄燈，之後會改以移動式駐點的型態繼續走下去）。

「歡迎進來看看，頂樓也可以上去喲！」坐在一樓大廳，綁著馬尾的男子熱情地招呼著我們。聽他這麼說，我們這一行人也就毫無顧忌地走了進去。能盛興工廠的一樓是展演空間，二樓則是獨立書店與背包客棧。有的人在書店翻書，有的人在一樓看展，也有的人與工廠成員們閒聊進行交流。接著，大家一起爬上了頂樓。

站在頂樓沒有任何遮蔽的陽台上，俯瞰著老古石街這一帶的街景，炎熱的八月天讓人汗如雨下，同伴們撐不了多久，很快就回到了室內，只剩我還留著。

新復興紡織廠在高牆之後的模樣在眼前一覽無遺。寬敞的舊廠房讓我聯想到了〈羅桑榮和四個女人〉中的「協益鐵工廠」。當年葉石濤在寫這篇小說時，或許曾經從中得到靈感也說不一定吧！興奮的心情，是我忘了炎熱的原因。

｜圖 133 ｜坐在能盛興工廠大廳的男子，熱情地招呼我們進來參觀。

｜圖 134｜由能盛興工廠的頂樓所俯瞰的新復興紡織廠。

｜圖 135 ｜馬祖樓附近的拼貼老屋。

＝媽祖樓＝

在信義街四十六巷的尾端右轉，沿著忠孝街九十三巷走到康樂街，這兩條道路的交會處有一棟很有特色的三層樓細瘦建築。它的一樓是古厝，二、三樓是磚頭和水泥混搭與鐵皮加蓋，有著非常濃厚的拼貼風，直讓我聯想到了宮崎駿的電影《霍爾的移動城堡》。通過這棟拼貼屋旁的小通道，就能來到《總舖師》電影場景「媽祖樓」與「愛鳳小吃部」了。

說到《總舖師》，總讓我有著驚喜交加的心情。驚的是過了這麼多年，總算又盼到了一部高水準且特色鮮明的台灣本土幽默喜劇；喜的是它的就發生在台南，貼切的題材，是一部屬於我們年輕人的故事。

電影裡，女主角小婉個性彷彿沾醬油，做事三分鐘熱度，除了想每天打扮得美美的之外，並沒有特別的專長和人生目標，她在台北闖蕩不但沒有成為大明星，反而被騙欠下了一筆莫名的債務，只好倉皇逃回台南老家。沒想到她的母親澎風嫂也混得不好，沒本事卻愛逞強，老公蒼蠅師去世後，因為賭氣和人比賽辦桌爆掉，也只好跑路。最後，母女兩窩在媽祖樓旁的愛鳳小吃部開小麵館維生。在這裡他們遇到了來到南部找尋「媽媽的味道」的料理醫生葉如海，在葉如海的幫助下，小婉和澎風嫂誤打誤撞參加了全國辦桌大賽，並一路闖進了決賽。

《總舖師》除了在喜劇包裝下演繹著市井小民的生活風貌外，最主要想述說的，便是女主角小婉成長的故事。她從最初不諳廚藝，朝思幕想要當模特兒、大明星，到在全國辦桌大賽的舞台上，在思念父親心情的醒悟下，終於克服對海鮮的恐懼，炒出了鱔魚意麵。

她在這一連串的事件中認識了料理，也認識了真正的自己。大賽結束，小婉沒有得到冠軍，但她拿到設計鐵道便當的合約，回家鄉創業，經營起小婉便當店，這時的她，終於找到了人生的目標。

回到真實世界，媽祖樓一帶也和老古石街一樣，有著深厚的歷史沉積。一八二三年，台江內海日漸淤積，使得台灣道廠的戰船不能進出，官府利用招租鹿耳門新墾埔地所得的費用，疏濬開通了「哨船港」，連接五條港運河，方便戰船出入。船隻在大銃街附近的造船廠完成整修後，可沿著哨船港一路航向大海。

媽祖樓就座落在哨船港河道南岸，是附近官兵、船頭行與郊商店鋪的信仰中心。相傳媽祖樓原本來只是一間簡單的工寮，從中國湄洲移居到此地的先民，在工寮閣樓安放由家鄉帶來的媽祖香火；後來安放香火的人在離去時忘了將香火袋帶走，使得之後往來的人們常在夜裡看見微微的紅光，引導著船隻平安航行。信眾們認為這是媽祖顯靈的結果，於是在一七五五年集資建廟。也因為媽祖香火安奉在閣樓上的緣故，故命名為媽祖樓。直到今日，媽祖樓仍然保存得很好，沒有改建過的痕跡。

媽祖樓前有一條鋪著紅灰地磚的長長通道，是電影裡〈金罵沒ㄤ〉歌舞的表演舞台。少了電影的熱鬧場面，這裡其實是一個相當寧靜的小地方，開業的店家不多，因為電影熱度的退燒，現在慕名而來的訪客也不會太多。

愛鳳小吃部在媽祖樓的旁邊，電影拍攝時後向外搭建的佈景已被拆除，但室內的擺設大部分都被保存了下來，像是牆上的木櫃、壁貼、地磚、吧檯等等。屋主阿嬤平常就坐在一樓的搖椅上，相當好客，有一次我走進逛逛，她還熱情地向我解說當時拍片的狀況。

最後聊聊關於這部電影的心情。看完《總鋪師》，小婉成長的軌跡一直在我的心裡圍繞，我想到了這條老街上的老古石渡、慕紅豆與能勝興工廠。

找到人生方向，然後創業的過程，不也是一直在我們身旁上演的真實故事嗎？

｜圖 136 ｜媽祖樓一景。作畫時沒有什麼人，是個悠閒輕鬆的午後。

【卷七】終曲

【昔】吃夢獸

「作家本來猶如一隻吃夢為生的夢獸，他哪裡知道這個夢獸也需要靠麵包生活，而麵包並非終日做夢就可得到的啊！」——葉石濤〈《陳夫人》及其他〉

擁抱夢想無法為葉石濤帶來浪漫的人生。小學老師的薪水並不優渥，僅能糊口；在台灣這樣狹窄的環境裡，靠筆桿子寫作也不能帶來多少實質的收入。他的大半輩子被窘迫的物質生活壓得喘不過氣，終日在貧窮與徬徨中度過、在寂寞與孤獨中掙扎。

於是，他有了「作家其實是吃夢獸」的體悟。不論夢想多麼遠大，在現實生活中，吃夢獸還是得向現實低頭，靠麵包生活的。

＝明與暗的兩種工作＝

「我這輩子從事著明與暗兩種工作：明的工作是小學老師，一幹快要四十年了。這個工作施給我三餐溫飽，帶給我做尊嚴的人起碼的生存條件……在明的工作裡，我只能做到盡責而已。但是我的潛意識倒是能自由翱翔，時時刻刻在準備那另外一場仗。夜晚才是我真正打仗的時刻。」——葉石濤〈沉痛的告白〉

明的工作佔據了葉石濤的大半人生，但小學老師的身份至少帶給他最基本的經濟基礎。當夜晚來臨，才是他以作家身分作夢的時刻。然而這份明的工作並不是那麼順遂，總是帶給他意想不到的遭遇。

在噶瑪蘭的日子

復出文壇時，葉石濤任職於保安村的文賢國小。在偏僻的村落裡不容易接受新的資訊，也沒有人可以和他談論文學，再加上這裡和台灣社會脫節的生活，對小孩精神的成長有很大的阻礙，使得葉石濤有了離開的念頭。就在他動念之際，得到了台南師專（今台南大學）正在招收一年學

程「特師科」學生的消息。

進入特師科除了有機會通過畢業分發離開保安村外，還可以在正規的學校裡學習「國文」，加強對文字的掌握。對從小接受日本教育的葉石濤來說，白話文畢竟不是他可以熟練運用的語言，確實有到學校進修的必要。在妻子的支持下，他辭去工作，保送入台南師專「特師科」就讀。

但由於「前政治犯」的身份，再加上畢業分發時沒有按照行規「送禮」給分發主任，滿懷期望回到文明城市的葉石濤在畢業後，竟然被「流放」到比保安村還要遙遠偏僻、宜蘭深山裡的冷溪部落任教……苦撐了一年竟換來這樣的結果，讓葉石濤欲哭無淚。看到分發名單後，他茫然了好幾天，幾乎呈癡呆狀，甚至曾經一度想辭去教職到外找工作。然而一個有前科、又無一技之長的小知識份子要找到一份足以溫飽全家的工作是非常困難的，他也只好向現實低頭了。

｜圖 137｜當年葉石濤就讀特師科的台南大學景色，畫這張畫時剛好是冬天，大葉欖仁的葉子也變成了紅色。

一九六六年夏，葉石濤扛著行囊北上，花了兩天的時間才抵達位在冷溪部落的「廣興國小．大進分校」。他在這個沒有宿舍、只能將課桌椅併排睡在教室裡，入夜後空氣冷冽、必須將報紙鋪在桌上保溫的地方，度過了漫長的第一夜。他在〈葉石濤致鍾肇政書信〉裡訴苦著：

> 我實在過不下去了，來到宜蘭在泰雅族的部落中教書。每晚睡在教室的桌上。生的痛苦似乎永無止境……這裡不是適合人居住的地方。這淒冷，這被天地放逐的蕭條冬雨。沒有食物，沒有夢，有的只是被太白酒灌醉的泰雅族人。我在這裡，連腦袋都發霉了。

在冷山裡，葉石濤每個晚上在寂寞的夜燈下攤開稿紙奮力淬鍊文字，在筆上，他的意識恣意飛翔，穿越了時間與空間。在來到冷溪部落的第一個冬天，他完成了〈羅桑榮和四個女人〉，或許小說裡麗美溫暖的肉體也溫暖了他孤獨的心。

流放冷溪部落兩年後，葉石濤在送了當地議員一個大紅包，請求幫忙疏通的情況下，終於得以調到高雄橋頭的甲圍國小，重回陽光燦爛的文明世界。

返回高雄，這份明的工作總算是穩定下來。儘管經濟狀況仍不斷亮紅燈，但葉石濤再也不需為了工作的調動而四處奔波，他也在甲圍國小一直服務到退休為止。

＝打開記憶的盒子＝

時序來到一九八七年，這年政府宣布解嚴，開放言論自由，禁錮在思想上的枷鎖轟然落地，年近六十三歲的葉石濤終於打開封存近四十年的記憶盒子，開始大量撰寫當年遭遇白色恐怖迫害的經過，以及作為一位「前政治犯」所面臨的痛苦鬱悶。這些悲歡的人生切片，交疊出他起起落落的年輕時代。

八〇年代後期他所寫的自傳小說集《紅鞋子》與《台灣男子簡阿淘》無疑是其代表作。小說裡的主角「簡阿淘」只是個庸庸碌碌的凡人，透過他的眼睛，我們看見了四、五〇年代府城瑣碎的日常生活，以及在白色恐怖的壓迫中小知識份子無力反抗的心靈圖像。這些塵封已久的記憶終於重見光明，一吐葉石濤壓抑了近四十年的情感，對比於在〈羅桑榮和四個女人〉中的隱諱描述，他終於迎向心靈的解放。

＝終曲＝

小說之外，葉石濤也以文學評論家的身分廣為人知。他提出「台灣意識」的觀點，將鄉土文學正名為台灣文學，並編撰《台灣文學史綱》，以文學觀察者的角度，梳理台灣文學在歷史的洪流裡成長的脈絡。一九九八年，淡水工商管理學院（今真理大學）台灣文學系頒贈葉石濤「牛津文學獎」，其文學獎詞上寫著：

在台灣文學最昏暗的時刻
用鄉土點亮一盞燈
在台灣文學最迷惑的時刻
用台灣意識闢出一條路
用一生，為台灣文學立座標

二〇〇八年，葉石濤在高雄榮總病逝，享壽八十三歲，結束了橫跨台灣日治與戰後時代的文學旅程。四年後，葉石濤文學紀念館開幕，他的故事，還會繼續下去。

【屋】葉石濤文學紀念館

葉石濤文學紀念館緊鄰著國立台灣文學館與孔廟，就座落在整個台南書香氣息最濃厚的城市角落，是一棟優美的二層樓紅磚建築。它的前身是山林事務所，建於日治時期。巧合的是，這棟老房子建成的時候恰好是葉石濤出生的那一年，一九二五年。彷彿在一開始，它就和葉石濤的生命結下了神奇的緣分。

細數山林事務所的過去，在日治時期它管理了台南的樹苗養成以及曾文溪森林治水的業務。戰後，改為楠濃林區管理處，接管高雄縣岡山、旗山等地的山林事務，直到一九八九年管理處被裁撤為止。二〇〇二年，這裡被指定為市定古蹟，經整修後開放為孔廟園區的旅遊資訊中心。十年後，這棟老建築的生命和葉石濤交會在一起，成為承載文學大師生平事蹟的紀念館。

｜圖 138 ｜原山林事務所，現在是葉石濤文學紀念館。

這裡還有一個小庭院，院子裡有兩株約三層樓高、緊鄰著建築物的小葉南洋杉。他們相距三公尺，同步律動的姿態形成了饒富趣味的風景，有人將他們稱之為「夫妻樹」。

＝速寫葉石濤文學地景展覽＝

現在的葉石濤文學紀念館除了常態性展示葉石濤生平事蹟、絕版小說集、獲獎紀錄與手稿外，還會定期舉辦各類型的講座與文學地景踏查散步，將葉石濤文學與在地生活做更緊密的串連，讓更多的人可以透過多元的管道來了解這位台南的前輩作家。

我在一次的踏查散步中，有了將這些文學地景與速寫台南（業餘速寫畫會，成員大多非科班

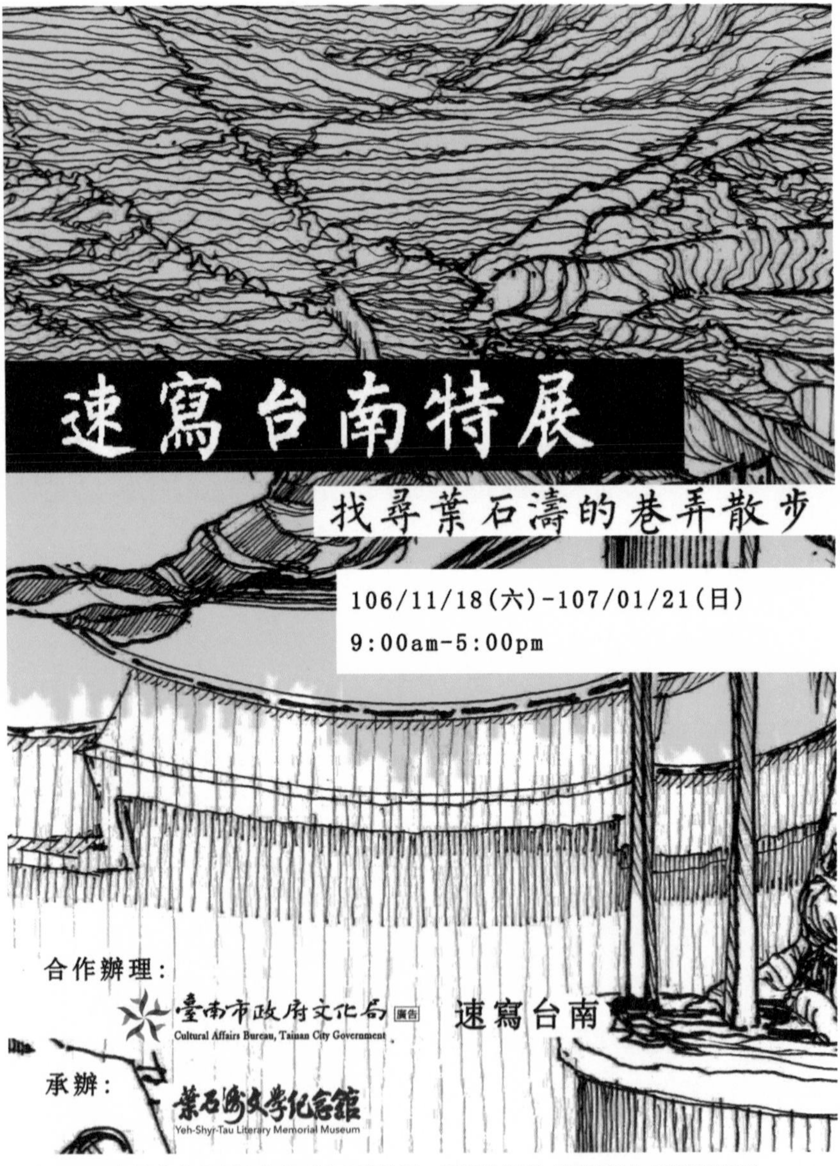

｜圖 139｜速寫台南「速寫葉石濤文學地景」展覽的海報（獲速寫台南授權刊出）。

出生）每個月的繪畫聚會作結合的想法，為單純的速寫活動帶來挖掘更多城市內在的意義。於是，我發起了「速寫葉石濤文學地景」的活動，在為期半年的時間裡，每月一次的帶著畫友們踩踏葉石濤筆下的台南巷弄，並向大家解說文學與歷史。

巧合的是，那年底的葉石濤文學紀念館館慶活動剛好欠缺一場展覽，在館方的協助下，我與速寫台南的畫友們將作品收集起來，並籌備了一場聯合畫展。

二〇一七年末，展覽正式開幕。這是速寫台南成立三年以來的首次展出，總共有二十多人參加，分享了多達六十幅的作品。這些眾多的作品同時陳列出來所造成的視覺衝擊與感動是不言而喻的，每幅畫都有它獨特的視角，觀察著這座城市的脈動。

速寫，讓我們得以不一樣的方式漫步巷弄，深入走進葉石濤的文學世界，也成為他在台南故事的另一種延續。

〓未完成的肖像畫．陳國進〓

佈置展覽的時候，二樓走廊上一幅未完成的葉石濤肖像畫引起我的注意，在畫友 Alex 的解說下，我才知道這是肖像漫畫大師陳國進的遺作。紀念館剛開幕時，陳老師受館方所託畫了這幅作品，但還沒能來得及完成就去世了。後來我在另一位畫友瑞閔的牽線下連絡到陳老師的家人，並拜訪了他們。

陳老師的故居是一棟位在寧靜巷弄裡的透天厝。我和瑞閔大約下午三點到訪，我們按了電鈴，等待屋主的回應，過了好一會兒，側門才突然打開。走出來的，是一位有著些許白髮的細瘦年輕人，他是陳老師的大兒子，也是這棟房子的主人，他不好意思地說正在整理畫室，沒有注意到我們的到來，接著領著我們走進了側門，通過一條像是隧道的陡峭樓梯，來到位在閣樓的畫室。「因為以前來找家父的人很多，陌生人在家裡進進出出很不方便，於是就裝了這個樓梯，讓大家可以直接進去畫室。」屋主向我解釋。

｜圖 140｜陳國進老師所繪，未完成的葉石濤肖像畫。

走進畫室，屋主太太已經在裡面了，沒多久，屋主媽媽也來到閣樓加入我們。想到這一家人也為了我突如其來的拜訪慎重地打掃環境和準備點心，讓我相當不好意思。

由於三面開窗的緣故，畫室的採光很好，陽光從戶外透了進來，打在室內的各個角落。不過這裡倒是有些擁擠，原本就已經不算寬敞的空間被大大小小的桌子所佔據，桌上放滿了陳老師收集的雕塑、用過的畫筆或是成堆的舊雜誌等等。這裡還有一個長約整面牆的雙層貨架，陳老師的作品目前被妥善地包了起來，肩比著肩靠在架上。這裡便是陳老師工作了大半輩子的場域，儘管已經去世多年，但畫室並沒有時間流動的痕跡，彷彿它的主人只是暫時離開，很快就會回來，繼續畫畫。

在我端詳著畫室的時候，屋主拿出一個包裹，拆開後是一片片的珍珠板。「這是之前幫家父辦回顧展的時候，根據他留下來的記錄做的生平事蹟。」我趕緊拍照記錄，屋主接著說：「以前家父除了畫插畫外，還兼做商業設計，那個時候噴槍繪稿剛流行，生意很好，案子多到必須雇用兩、三個員工一起趕稿，才有辦法消化，非常忙碌。而且，家父的朋友也常找他『開槓』，畫室總是熱熱鬧鬧的。」

「陳老師完全沒有架子，是一個很有趣的人，總是能逗得大家哈哈大笑。」瑞閔向我補充。其實瑞閔認識陳老師快二十年了，這間畫室也有著他許多的回憶。

「對了，陳老師還有留下哪些資料呢？」我問道。畢竟是來採訪的，如果能有更多的資料參考當然是最好的了。

「啊，我想到了！家父有本整理了幾十年的資料簿，我拿上來給你看看。」屋主趕緊到樓下，找了許久，抱來幾大本的資料簿，裡面有泛黃的新聞剪影、獎狀、老照片等等，集滿了陳老師人生片段的側寫。一九八〇到九〇年代是他的漫畫最光輝燦爛的時光，他開始以「南丁」為筆名在報紙上發表單幅漫畫創作，也在一九八七年時成為「美國友好訪問團」的漫畫家成員之一，走遍美國十多個城市進行漫畫展覽與即席演出。在資料簿裡，我還看到了陳老師幫內華達州州長畫肖像畫的報導，以及登上雜誌封面的記錄，上面寫著「Our man of the year」。在美國展演的記載佔據了資料簿的大半篇章，或許那個時候就是他人生中的高峰吧！

我們還聊到了當初陳老師會幫葉石濤文學紀念館畫肖像畫的原因。其實陳老師並不認識葉石濤，當初會接到這個案子，是共同朋友林佛兒（一九四一至二〇一七）牽線的緣故。那時林佛兒正在協助規畫葉石濤文學紀念館的設立佈置，便邀請好友陳老師為葉石濤繪製肖像畫。

陳老師去世後，他的家人原本沒有把遺作拿出來展覽的打算，還是在林佛兒的堅持下，才從畫室裡將這幅畫找了出來，並把它轉贈給葉石濤文學紀念館做為館藏。「還好那張畫的重點都畫完了，才能展出。」屋主慶幸地說。

林佛兒是文學雜誌《鹽分地帶》的主編，也是台灣著名的推理小說家。由於看到了我和太太寫的《大菜市人物誌》的關係，他向我們邀約投稿《鹽分地帶》，並約在大菜市誠舖見面，我們才有過一面之緣。不過在那次的會面後，就再也沒有進一步的消息了，直到好幾個月後我才發現林佛兒去世的新聞，他在和我們談完一個月後就因病去世了。這件事讓我有了生命無常的體悟，我還記得，當時他還興奮地和我們聊了很多未來想做的事情，他說他想走遍世界百大遺產，然後把詩集與攝影作品結合出版。林佛兒和陳老師一樣，並沒有預期到自己會這麼突然地就走了吧！

我們又聊了好一陣子，才結束這次的拜訪。我回到家中整理當天所收集的資料，最後，將那些記載著陳老師生平事蹟的板子拼湊在一起，為他寫了一段簡短的記錄：

陳國進（一九四六至二〇一二），生於台南佳里鎮的海邊農家，是台南知名的插畫家，創作以漫畫與兒童插畫為主。陳國進從小便展現繪畫天份，十三歲時在啟生出版社（今翰林出版社）出版了人生的第一部連環漫畫作品《小俠季嘉麟》，退伍後也持續創作連環漫畫，後擔任「大頂美企劃設計社」負責人，跨足兒童插畫設計與商業設計。一九八〇年代是他創作的高峰，他以「南丁」為筆名在《台灣新生報》、《中華日報》等報紙發表單幅漫畫，並跨入教職。一九八七年，成為「美國友好訪問團」一員，至美國展演一個月。九〇年代開始專研電腦CG繪圖，練就一身電繪功夫。二〇一〇年與許清保老師合作，出版《西拉雅的故事—麻豆獵鹿人》。二〇一二年，在完成《尪仔冊—本土漫畫名家作品展》的隔天，因心肌梗塞意外辭世，享年六十七歲。

｜圖 141｜陳國進老師所繪的漫畫自畫像。

｜圖 142｜陳國進老師位在頂樓的畫室，也是我當天拜訪陳家人聊天的地方。

C.W.Liu
2017.12.24

【自】二分之一的生活

完成了陳國進老師家人的拜訪記錄後，這本書也差不多告一段落了，當我回首這些年來一邊工作一邊畫畫的生活，甚至是回溯到從前開始學畫的大學歲月，竟也有和葉石濤一樣做著「明與暗兩種工作」的感觸。於是，我決定為自己再寫一篇文章，做為這十年來二分之一生活的總結，也為這本書畫下一個句點。

*

早上起床，突然很想吃菜粽，於是我出發前往位在蝸牛巷區裡的老店「沙淘宮菜粽」。當我來到西門路旁的巷口，發現這裡正在修路，已經被封了起來，只好從另一側比較遠的入口進去。走著走著，我的思緒倒是開始遨遊，想起了十年前開始學畫到現在所經歷的往事。

大四的時候，那是我在大學四年的生活中過得最愜意的一段時光。由於必修課都已經修完的緣故，我為自己安排了不少繪畫相關的通識課程，像是「繪畫基礎表現」、「基礎水彩」、「基礎素描」，同時也兼修一些上研究所後可以抵免學分的課程，像是「固態物理」、「有機化學」、

「奈米材料」，認真磨練畫技的同時，也為即將到來的碩士生涯預做準備。可以說從學畫的一開始，我便已經學習著如何適應在藝術與理工之間切換的雙重角色了。

當時的我曾經大言不慚地對通識課程課的老師發下豪語：「老師，我以後想要當畫家！」沒想到，多年前的玩笑話到了現在竟還做得有模有樣！

想到這兒，我已經走到沙淘宮菜粽的攤位前了。老闆親切地問我：「要點些什麼？」「那就來一碗味噌湯和一顆菜粽吧！內用，要加香菜。」老闆俐落地將餐點準備完畢，送到我的面前。有什麼比經營了近六十年、口味與風格始終如一的老店更加了不起呢？眼前簡單的菜粽與味噌湯，平凡的美味，帶我回到五〇年代的蝸牛巷，那個葉石濤每天到小學教書前在小攤子裡吃早餐的清晨時光。

離開沙淘宮菜粽，沿著另一條巷道迂迴地走回停車處，沿途中，我的腦海不禁浮現起葉石濤的身影，也想到了在工程師與畫家兩種身分間穿梭，過著二分之一生活的這些日子。雙重身分，大概是我們兩人之間最為深刻的交集。

還記得，碩士畢業後我投入職場，和葉石濤一樣從事著明與暗的兩種工作。

明的工作是工程師，從早到晚在工廠裡忙碌著。我喜歡閱讀數據，循著邏輯思考去開發新的製程，或是解決疑難雜症，也喜歡在生意上與客戶交流，了解產業的脈絡，所以這份工作帶給我的不僅僅是穩定的收入而已，我也不是一個只想混口飯吃的壞員工。明的工作除了讓我成為一個有麵包可以過日子的吃夢獸外，也帶給我戰鬥般的充實生活與待人處事上的圓潤成熟。可以說，我是樂在其中吧！

至於暗的工作，作為畫家則是比作為工程師辛苦得多了。

下班後，我脫下制服，便即刻投入另一場戰鬥，那是一場和自己較量的鬥爭。我必須為每一年的創作訂定新的方向，保持熱情不墜，也必須不斷地思索各種創新繪畫的可能性，讓自己的表現力越加純熟。在思考這些問題之後，還必須真的拿起筆桿，把那些內心裡醞釀的喃喃細語或是一閃即逝的感觸捕捉下來，將它們化作現實。

從寫實主義到更趨向於表現主義的創作風格，我在跌跌撞撞中，逐漸找到了一條通往內心風景的道路。這份工作除了帶給我些許的快樂外，更多的是因為執著而生的壓力。可慶的是，我終究是維持著一個巧妙的平衡而沒有放棄。

我回到了停機車的地方，騎上車，沿著西門路向北疾行，返回位在鹽水溪旁的公寓。停紅綠燈的時候，我不禁開始思考自己的選擇。為什麼要這麼辛苦地過著二分之一的生活？為什麼要畫畫？如果只是當工程師生活不就輕鬆多了？

這個時候，我想到了葉石濤的小說、席德進的水彩、陳國進的漫畫，以及那些許許多多為藝術而活的人們。於是，我想通了。

藝術，在活著的時候，能帶給我擁有生命最直接的喜悅；百年之後，也是我唯一存在的痕跡。

或許，這就是我想畫畫的理由吧！

附錄

葉石濤年表

一九二五年（出生）　生於台南白金町（今民生路三巷十六號）的葉家大厝。

一九三八年（十四歲）　考入台南州立二中（今國立台南一中）就讀。

一九四一年（十七歲）　第一篇小說〈媽祖祭〉投稿於《臺灣文學》，入選為佳作，未刊出。

一九四三年（十九歲）　台南州立二中畢業。

應聘至西川滿主持之《文藝臺灣》雜誌社任助理編輯。

發表〈林君的來信〉和〈春怨〉，並刊出在《文藝臺灣》。

一九四四年（二十歲）　辭《文藝臺灣》助理編輯，返台南任寶公學校（今立人國小）助教。

葉家大厝遭日本政府以作為防空空地為由徵收拆除。遷居傀儡巷。

一九四五年（二一歲）　二月入伍，任日本帝國陸軍二等兵。

同年六月退伍，仍任立人國小教師。

一九四六年（二二歲）　開始於中華日報日文欄發表小說及隨筆、評論、翻譯等多篇作品。

一九四七年（二三歲）　辭去立人國小教師，改任台南工學院（今成功大學）總務處保管組科員。

一九四八年（二四歲）開始於新生報與中華日報副刊以中文發表小說與評論集。

一九四九年（二五歲）轉任永福國小老師。

一九五一年（二七歲）遷居嶺後街（蝸牛巷）。
遭遇白色恐怖，被保密局逮捕。文學夢想被迫中斷。

一九五三年（二九歲）遭台灣省保安司令部以「知匪不報」判處有期徒刑五年。

一九五四年（三十歲）獲減刑，刑期縮短為三年，出獄。求職四處碰壁，只好當臨時工度日。

一九五五年（三一歲）考取嘉義縣路過村路過國小代課教員，重回教職。

一九五七年（三三歲）取得正式教師資格，調任台南縣仁德保安村文賢國小任教。

一九五九年（三五歲）與陳月得女士結婚。長子葉顯國出生。

一九六二年（三八歲）次子葉松齡出生。

一九六五年（四一歲）辭去文賢國小教職，保送台南師專（今台南教育大學）特師科就讀。
在淺草鬧市偶然翻到《台灣文藝》，重燃創作的熱情，再次踏入文壇。

一九六六年（四二歲）從台南師專特師科畢業，被分發到宜蘭山區的冷溪部落任教。

一九六七年（四三歲）調任高雄縣甲圍國小。從此定居高雄舊城（左營）。

一九六八年（四四歲）　出版第一本小說集《葫蘆巷春夢》與第一本評論集《葉石濤評論集》。
一九六九年（四五歲）　獲中華文藝協會文藝論評獎獎章。
一九七七年（五三歲）　在《夏潮》雜誌發表〈台灣鄉土文學史導論〉，提出台灣意識的觀點。
一九七九年（五五歲）　與鍾肇政等人發起籌建鍾理和紀念館。
一九八〇年（五六歲）　獲第一屆巫永福評論獎。
一九八一年（五七歲）　與友人籌辦《文學界》雜誌。
一九八七年（六三歲）　出版《台灣文學史綱》。
一九八九年（六五歲）　出版首次回顧白色恐怖經歷的小說集《紅鞋子》，獲行政院新聞局金鼎獎。
獲鹽分地帶文藝營文學貢獻獎。
一九九〇年（六六歲）　出版首次碰觸族群題材的代表小說集《西拉雅族的末裔》。
獲台南師院第三屆傑出校友獎。
一九九一年（六七歲）　自高雄縣甲圍國小退休。
獲台美基金會人文成就獎，參與《文學台灣》雜誌創刊。
一九九四年（七十歲）　獲第一屆高雄縣文學貢獻獎。

一九九五年（七一歲）　獲第一屆府城文學貢獻獎。

一九九八年（七四歲）　獲淡水工商管理學院（今真理大學）台灣文學系「牛津文學獎」。

一九九九年（七五歲）　獲成功大學名譽文學博士。

二〇〇〇年（七六歲）　獲中國文藝協會榮譽文藝獎章、高雄市文藝貢獻獎、行政院文化獎。

開始在成功大學台灣文學研究所授課。

二〇〇一年（七七歲）　國立文化資產保存研究中心推出「葉石濤全集蒐集、整理、編輯計畫」。

獲國家文藝獎。

二〇〇四年（八十歲）　開始在《文學台灣》陸續發表人生最後的系列小說《蝴蝶巷春夢》。

出任總統府國策顧問。

二〇〇六年（八二歲）　出版小說集《蝴蝶巷春夢》。

二〇〇八年（八四歲）　病逝高雄榮民總醫院。

高雄市文化局出版《葉石濤全集》。

二〇一二年　葉石濤文學紀念館於前山林事務所開館。

參考文獻

書目

葉石濤，彭瑞金主編，《台灣作家全集短篇小說卷，葉石濤集》（前衛，一九九一）
葉石濤，彭瑞金主編，《葉石濤全集》（高雄市政府文化局，二〇〇八）
陳明柔，《我的勞動是寫作—葉石濤傳》（時報文化，二〇〇四）
蔡芬芳，《葉石濤小說人物研究》（高雄師範大學，國文教學碩士論文，二〇〇二）
林沈雁，《葉石濤小說女性書寫研究》（屏東教育大學，中文系碩士論文，二〇〇八）
吳秀香，《葉石濤小說情欲書寫研究》（成功大學，台文所碩士論文，二〇〇〇）
劉政宏，《葉石濤小說社會意識研究》（中國文化大學，中文系碩士論文，二〇一一）
游鎧丞，《葉石濤台灣文學論述的再思考》（成功大學，台文所碩士論文，二〇一一）
林怡柔，《葉石濤後期小說中的台灣意識》（東華大學，台文系碩士論文，二〇一六）
盧柏儒，《葉石濤及其小說中的殖民、性別與地方感探析》（成功大學，中文系碩士論文，二〇〇八）
王浩一，《府城漫遊》（心靈工坊，二〇一二）

王浩一，《當老樹在說話》（有鹿文化，二〇一四）
陸傳傑，《被誤解的台灣老地名》（遠足文化，二〇一四）
陳薔安，林致維，《大菜市人物誌》（自費出版，二〇一六）

網路

自由時報電子報，〈北王南侯 侯雨利家族幾度興衰〉http://news.ltn.com.tw/news/business/paper/855478
報導者，〈台南能盛興工廠：最苦的小確幸〉https://www.twreporter.org/a/taiwanstore-tainai-ffffactory
ＣＰＣ的空中放送，〈府城，新美街的故事〉https://goo.gl/8ZbisC
吳園藝文中心 http://w2-culture.tainan.gov.tw/extra/wuculture.htm
葉石濤文學紀念館 http://ystlmm-culture.tainan.gov.tw/index.php
倫敦男孩 の 台南美食旅遊記事 http://boylondon.pixnet.net/blog
狂戀府城 http://foxtalk.blogspot.tw/

探索紀行 31

台南巷框

遇見文學大師葉石濤的時光散步

作　　者：1/2藝術蝦（林致維）
主　　編：俞聖柔
校　　對：俞聖柔、1/2藝術蝦
封面設計：日央設計
版型設計：1/2藝術蝦、陳語萱
內頁排版：1/2藝術蝦、陳語萱、LittleWork

發 行 人：洪祺祥
副總經理：洪偉傑
總 編 輯：林慧美
法律顧問：建大法律事務所
財務顧問：高威會計師事務所
出　　版：日月文化出版股份有限公司
製　　作：山岳文化
地　　址：台北市信義路三段151號8樓
電　　話：(02)2708-5509
傳　　真：(02)2708-6157
客服信箱：service@heliopolis.com.tw
網　　址：www.heliopolis.com.tw
郵撥帳號：19716071 日月文化出版股份有限公司

總 經 銷：聯合發行股份有限公司
電　　話：(02)2917-8022
傳　　真：(02)2915-7212
印　　刷：禾耕彩色印刷事業有限公司
初　　版：2018年5月
定　　價：380元
ISBN：978-986-248-723-5

國家圖書館出版品預行編目資料

台南巷框：遇見文學大師葉石濤的時光散步 / 1/2藝術蝦（林致維）作. -- 初版. -- 臺北市：日月文化, 2018.05
304面；14.7*21公分. --（探索紀行；31）
ISBN 978-986-248-723-5（平裝）

1.人文地理 2.臺南市

733.9/127.4　　107005239